消逝中的风情

守护古城

上海文艺出版总社

上海锦绣文章出版社

图书在版编目（CIP）数据

消逝中的风情：守护古城 / 王清华 编著. 罗小韵摄影. —上海：上海锦绣文章出版社，2008.1
（行走中国地理文化系列）
ISBN 978-7-80685-913-1
I.消... II.①王...②罗... III.城市环境–环境保护–研究–丽江市
IV.X321.274.3
中国版本图书馆CIP数据核字（2007）第199715号

总　策　划	何承伟
特约策划	罗小韵
监　　制	吕石明
责任编辑	汤颐颖
特邀审读	王瑞祥
编　　辑	李　享
封面设计	李鸿飞　毛文宇
版式设计	毛文宇　郑丽红

书　名
消逝中的风情——守护古城
摄　影
罗小韵
撰　文
王清华
出版、发行
上海锦绣文章出版社·上海故事会文化传媒有限公司
地址：上海绍兴路74号
电子信箱：cslcm@public.sta.net.cn
网址：www.storychina.cn
印　制
北京雅昌彩色印刷有限公司
规　格
787mm×1092mm　1/16　印张：8
印　数
1–10000册
版　次
2008年1月第1版　2008年1月第1次印刷
书　号
ISBN 978-7-80685-913-1 / G·076
定　价
39.00元

告读者 如发现本书有质量问题，请与印刷厂质量科联系　T：010-80486788

STORIES

上海故事会文化传媒有限公司　出品
(000140)

总序

江山多娇　魂脉永系

　　历史文化图书《话说中国》的工作暂告一段落后，我随即开始了它的延伸产品——中国地理文化系列的图书出版工程《行走中国》的策划和编辑。与《话说中国》的策划思路一脉相承，《行走中国》系列丛书是要秉持"普及人文地理知识，弘扬祖国民族文化"的编辑方针，结合更多的文化资源，向广大读者倾力推出又一批大众文化精品力作。

　　《行走中国》，顾名思义，显然要讲祖国的地理知识，讲我们脚下的这块大地的故事。但如果光讲自然地理，不讲生活在这块美丽的大地上的人，不讲我们民族的先人在历史长河中创造的绚丽的文明，也许难以激发我们对中华民族生存的这块大地的激情，更难以激发对曾经为她付出辛勤劳动乃至献出自己生命的先驱们的崇敬，我们面对的这块大地会因此失去光彩，这套丛书也会因此失去灵魂。

　　显然，《行走中国》要做到人与大地的结合，也就是地理与文化的结合。这就是编辑出版这套地理文化系列丛书的宗旨。

　　面对祖国神秘的高原、险峻的峡谷、辽阔的草原、巍峨的群山、万年的冰川、奔腾的大河、澄净的湖泊、浩瀚的森林以及这自然界的万物，我们可以无比自豪地说，在中华民族生存的这块大地上，我们拥有着其他国家难以比拟的地质地貌和自然风光。

　　《行走中国》将带你走进被喻为"世界屋脊"和"地球第三极"的青藏高原，探寻世界上最幽深、最奇险、最壮阔的地质地貌：峻美的雪山、圣洁的湖泊，就像高原神灵的化身，神秘而美丽。而每逢盛夏，广袤的草原之上，杜鹃花盛开、点地梅争妍、黄羊奔突、野驴悠闲、云雀恬唱、雪鸡盘旋，又完全是一派动植物天堂的景象。

　　《行走中国》将带你走进中国乃至世界地理环境最复杂的地区之一——被联合国教科文组织列为世界自然遗产的"三江并流"地区。发源于青藏高原冰山雪峰中的怒江、澜沧江、金沙江这三条大江并肩南行，飞流直下、一泻千里。"三江并流"的名字由此而来。在这里，山河险阻，雪峰林立，高大的雪山和滚滚长河构成了滇西北地区大山大水大气派的地形地貌，也成就了一块神奇雄壮的土地。身临其境，人们的精神就会飞越万水千山，眼前展现的是一个圣洁的世界，那样洁净、明亮，没有一丝杂质。

　　《行走中国》的力量，不仅使我们为祖国的壮丽河山所惊叹、所感动，为大自然的鬼斧神工、神奇造化所折服，更使我们的灵魂为一种人类文明的力量所震撼，那就是中华民族在这片神奇的土地上披荆斩棘、生生不息，在历史长河里所创造的灿烂文明。

今天在中国的大地上，到处都留下了我们民族世代相承的文明遗迹。这些文明遗迹，有的是无形的、有的是具实的；有的深处崎岖险地、有的遗落于风景绝胜，它们长存于天地之间、和谐于自然之中，依附于大地也照亮了大地。而如果要说最具代表性、最密切地关联着中国自然地理的古代文明遗迹，则无疑要数绵延万里连接中西商贸及文化交往的古代"丝绸之路"、被誉为"世界第八奇观"的万里长城，以及遍布祖国大江南北的旷世奇观——古代建筑地标。

这些也正是《行走中国》要带你穿过的必经之路。

在这几条路上，我们将充分了解中华民族在几千年前如何打通连接欧亚大陆之路，为世界文明发展所做出的贡献；我们将充分认知，中国古代建筑，如何独树一帜，并影响了许多亚洲国家，成为和伊斯兰建筑、欧洲建筑并列的世界三大主要建筑体系之一；我们会更加坚信：长城，不仅是为了抵御外来入侵而建造的，她绵延万里的雄伟身姿，已成为中华民族的形象符号，深深镌刻在人们的脑海里，挥之不去，每个中华儿女，都为祖国拥有万里长城而感到骄傲。

《行走中国》，让我们循着大自然的瑰丽，沿着古文明的踪迹，期待着一次次震撼和感动。与此同时，一路走去，我们将接触生活在这片土地上的，不同习俗、不同语言、不同信仰的不同民族，他们多姿多彩的生活，让华夏大地异彩纷呈、魅力无限。正是这些绽放在中国大地上绚烂的民族之花，给沉寂的大地带来了无限生机和魅力。一路走去，我们还将沿着历代英雄的足迹，遥想他们为民族的生存发展所创建的丰功伟绩，以激励自己为中华民族的振兴，做出自己应有的贡献。

壮丽的自然风光，灿烂的中华文化遗产，是我们祖国的瑰宝。在大地之上建设着家园、创造着文化、守护着文明、延续着民族精神的华夏儿女，更是这片神奇土地永恒的灵魂。《行走中国》，固然是对中国自然地理、历史文明的一次深刻的记录，更是一场关于中华民族精神的激情呈现。

我深深地相信，读完《行走中国》，你会更加热爱中华民族赖以生存的这块大地和生活在这块美丽大地上的人民。

何承伟
上海文艺出版总社编审
《话说中国》《行走中国》总策划

目录

第 **1** 章

高原古城

　　大巴士时速达到120公里，宽阔油黑的公路笔直地插入深山和白云中，窗外的群山变得越来越雄奇壮美，地势越来越高，在远处与云天相接。"这里的大地真是离天最近。"有乘客发出深深的感叹。我想，从古至今，凡行在此路上的人，无论步行、骑马，还是乘汽车、飞机，都会发出来自心田的感叹。不仅感叹这漫漫长路，而且感叹那深藏在崇山峻岭中的丽江古城。甚至人们也许会想，在如此遥远如此偏僻之地，居然有人居住生活，居然有文明存在。

滇西北高原

高速公路向西穿过楚雄彝族自治州、大理白族自治州，在大理市转而向北，一路穿行在苍山洱海间。

傍晚时分，大巴士穿过肥沃的鹤庆坝子盘山而上，翻过山口，丽江坝子即刻奔来眼底。

这是一个海拔2400米的高原平坝，平坦的田畴、湛蓝的湖泊及星罗棋布的村落为群山环抱，玉龙雪山十三座雪峰突起于西北，使这个高山大坝子在春意盎然中平添了北国风光。

云南的山地面积占总面积的94%，海拔最高的地方就是滇西北地区，它的平均海拔高度都在3000米以上。滇西北地区西接缅甸，东接四川，北接西藏，总体属于横断山峡谷纵区和滇西北高原两种地貌。

这里集结着雄伟高大、南北走向的雪山群，其著名者有担当力卡山、高黎贡山、碧罗雪山、怒山、云岭、哈巴雪山、玉龙雪山等七大山脉，它们由西向东排列，从北向南而下，一直延伸到东南亚的缅甸、泰国、老挝、越南。这一列列高峻的大山

云南省将滇西北"三江并流"地区作为世界自然遗产向联合国进行申报，2003年7月2日得到联合国教科文组织的批准，这是云南献给世界的一份厚礼。

高大的雪山和滚滚长河构成了滇西北地区大山大水大气派的地形地貌，使之成为云南海拔最高的高原高寒山区和国内最大的高山峡谷区。滇西北高原汇集了发源于青藏高原的上述大江大河与发源于云南本土的珠江、红河等一起流淌在南亚、东南亚和中国南方广阔的大地。

丽江正处于滇西北高原的核心地带，这里是青藏高原南端横断山脉向云贵高原北部过渡的衔接地区。雪山林立，大河奔涌，是其显著特征。

在滇西北高原上的众多雪山和大江大河中，玉龙雪山和金沙江有着极为特殊的意义。

玉龙雪山位于北纬27度，东经100度，丽江坝子的北面。东西宽约20公里，南北长约35公里，总面积260平方公里。有大小山峰约90座，较大的有13座，因而有"玉龙十三峰"之称。主峰扇子陡海

> 这里集结着雄伟高大、南北走向的雪山群，其著名者有担当力卡山、高黎贡山、碧落雪山、怒山、云岭、哈巴雪山、玉龙雪山等七大山脉，它们由西向东排列，从北向南而下，一直延伸至东南亚的缅甸、泰国、老挝、越南。

脉之间是一条条深陷的峡谷，峡谷中奔腾流淌着发源于青藏高原的汹涌澎湃的怒江（下游萨尔温江）、澜沧江（下游湄公河）、金沙江（下游长江）三大河流，它们与高大的雪山群并肩南下，形成了世界罕见的"三江并流"奇观。如今，无数的观光客和探险旅行家纷纷拥向滇西北高原，领略这大自然的奇观，追寻和实现他们的梦想。2001年，

拔5596米，如扇子展开，高架于玉龙山体之上，远远望去，犹如银色的皇冠。玉龙雪山终年积雪，山腰云雾升腾，宛如一条巨龙，飞舞群山，故名。另说，玉龙雪山之峰犹如一把把锋利的宝剑直插云天，古代有将宝剑称为玉龙者，故名。元代，史书中称玉龙雪山为"云岭"、"神外龙山"。唐代，南诏王异牟寻封玉龙山为北岳，在山下建北岳庙。

宋代，元世祖忽必烈革囊渡江到丽江，封玉龙山为"大圣雪石定国安邦景帝"。1984年，玉龙雪山被列为省级自然保护区。1988年玉龙雪山被国家定为国家级重点风景名胜区。千百年来，玉龙雪山在滇西北各族人民特别是纳西族人民的心中一直是一座神山。

江湾腹地

环绕玉龙雪山的金沙江不仅是中国的一条母亲河——万里长江的上游，而且它在滇西北高原的重要河段"长江第一湾"和"虎跳峡"是藏区和内地的自然分界线。

滚滚流淌的金沙江，从"世界屋脊"青藏高原的冰山雪峰中一路奔腾南下，由滇西北进入云南，与怒江、澜沧江一起，在横断山的高山深谷中并肩穿行。但在丽江境内的石鼓，它陡然转向东北，在高大的群山中画出了一条优美的弧线，形成了一个巨大的"U"形大湾，这就是著名的"万里长江第

花冲天，彩虹入水的奇景。相传，这里曾有猛虎下山，在江心石上一下一脚，就越过对岸，故而得名虎跳峡。金沙江一入虎跳峡，犹如自由奔行的蛟龙受到了捆绑约束，一下子变得暴怒起来，在狭窄的但落差极大的峡谷中狂奔跳跃，左右冲突，发出惊天动地的怒吼。虎跳峡全长17公里，落差210米，两岸壁立3000米，如两山将合，犹石门半开。

丽江就在"长江第一湾"和"虎跳峡"的东面，北面是雄峻的玉龙雪山，由于为金沙江从西北然后再转向东南所环抱，被称为江湾腹地，纳西语古称"英古底"。它在雄伟高峻，雪山重重的滇西北宽广怀抱中，一直是一块神秘的、长期为原始森林覆盖着的福地。

丽江整体地势气势磅礴，蔚为壮观。然而真正到达丽江这块金沙江环绕、群山环抱的江湾腹地，你不会有地势高峻的感觉，更没有空气稀薄的感受。只会惊异地感到，这里仿佛是另外一个世界，有如"香格里拉"世外桃源——风景秀丽，环境优

金沙江大拐弯——"月亮湾" ▶

一湾"。这里河宽水缓，草长鹰飞，村落点点，是金沙江在滇西北高原上塑造的一块净土。金沙江从这里向东北行30公里就进入了虎跳峡。虎跳峡为两座大雪山夹峙，东岸为终年披云戴雪、银峰插天的玉龙雪山，西岸为悬崖壁立，峥嵘突兀的哈巴雪山。虎跳峡深不可测，峡谷最窄处仅有30余米，中有巨大的岩石突兀而出，将江水劈为两半，造成水

美，气候宜人。

丽江地势由西北向东南倾斜，呈阶梯状递降。最高点在玉龙雪山主峰扇子陡，海拔为5596米；最低点在金沙江河谷，海拔为1219米。因而立体气候明显，干湿季分明，年温差小。自古以来，到过丽江的人都对丽江的阳光和空气留下难以忘怀的印象。这里的阳光和空气极其迷人。阳光中七彩纷

呈、温柔如水，为丽江所独有；而空气，清凉爽朗，没有一丝杂质。在这样的阳光和空气中生活应该才算真正置身于天生地化的原初大自然的怀抱中。也许正因为如此，很多丽江人会对你说，这里是最适合人类居住的地方，甚至是最适合神仙居住的地方。的确，丽江很早就是古人类活动的舞台。早在10万年前，就有古人类在此生息繁衍，使丽江成为中国西南古人类活动的重要地区之一。旧石器时代的晚期智人——"丽江人"、金沙江河谷洞穴岩画和其他众多新石器、青铜器、铁器等的考古发现提供了可靠的见证。

丽江是滇川藏的腹心地带，居住着纳西、傈僳、普米、汉、白、彝、藏等十多个民族。其中纳西族18.4万人，占总人口的57%。

纳西族是丽江的主体民族。在历史上，纳西族的称谓较为复杂，但大体上称为"麽些"。在历代的文献记载中，把纳西族称谓写为"摩沙夷"、"磨蛮"、"磨些蛮"、"末蛮"、"摩裟"、

中，"纳"是大或尊贵的意思，"西"、"日"、"恒"等意为"人"或"族"。

据学者考证，纳西族渊源于中国西北部河湟地区的古羌人，后向南迁徙至岷江上游，又向西南至雅砻江流域，又向西迁至金沙江上游地带。这也就是滇川藏的腹心地带。在这里，南迁的古羌人与"丽江人"土著居民长期交往，共同创造了自己的历史和文化，融合成了纳西族。

纳西族分布在滇川藏三省区毗邻的澜沧江、金沙江流域，即三省区的丽江、迪庆、凉山、甘孜、昌都、攀枝花等6地州市和玉龙、香格里拉、宁蒗、维西、永胜、盐源、木里、华坪、德钦、芒康、巴塘、盐边等12县境内，大约8万平方公里的范围。滇西北的玉龙纳西族自治县是纳西族最集中的聚居区。

从鹤庆坝子进山，盘山北上，有一处两山夹峙的山口，称"关坡"，丽江为金沙江从东西北三面环绕，这里是南行的一个险要通道，望着巍巍群山，可知这里过去是一夫当关，万夫莫开之处。

在滇川藏的腹心地带，南迁的古羌人与"丽江人"土著居民长期交往，共同创造了自己的历史和文化，融合成了纳西族。

"麽些"、"摩赀"、"摩获"、"摩梭"等等，是同音异写，且带侮辱性。中华人民共和国成立后，根据国家的民族政策，并按照本民族的意愿，确定"纳西"为全族共同的族名。纳西族内部分为"纳西"和"纳日"两个支系，纳西支系自称"纳西"，他称"摩些"；纳日支系自称"纳"、"纳恒"和"玛沙"，他称"摩梭"。在纳西语

车过关坡，通达丽江的公路变得宽阔笔直。高山上的丽江坝子绿成一片，远山近水干干净净。坐在车上可以清楚看到被夕阳镀上了一层耀眼金色的丽江古城，它像一个无价之宝，在银光闪闪的玉龙雪山下显得异常美丽，隐隐透射着它迷人的魅力。

乘客们停止了说话，屏住了呼吸，双目紧盯着前方那个正在闪光的古城。

高原古城

晚风习习，分外凉爽。在旅馆放下行李，我们就直奔古城。

丽江已今非昔比，日益扩大的知名度，使它的建设日新月异，成群的现代化大楼如雨后春笋般拔地而起，街道宽阔，车水马龙，人满为患，穿过霓虹灯闪烁的大街，一直向北，我们来到了如今已经名满天下的古城。

在古城的街口醒目地耸立着一座木制大水车。来自玉龙雪山和黑龙潭的、清澈见底的玉河水正在推动这座巨大的水车咿呀旋转，水花飞溅夜空，交织在红红绿绿的灯火中，显得十分壮观。过去这里没有这个大水车，仅有玉河水静静地流进古城。据说这个大水车是几年前建造的，是作为古城古老文化的象征。看着它悠闲而不停地转动，我觉得它仿佛象征着历史岁月从古到今的慢慢流逝，又仿佛象征着古城旅游业的火暴兴起。

正值"五一旅游黄金周"，此时，夜幕初临

本支"就是集市的意思。这个集市很早就是南通大理、北去四川、西达藏区的重要驿站，南来北往，以及远走印度的马帮生意人云集于此，其中藏客最多，长期居住"公本支"。元代，纳西族头领木氏土司的先辈在"公本支"开河建城，丽江古城有了雏形。明代，木氏土司在古城建筑府第和衙门，并招纳外籍工匠、医生、道士等定居府城，这时古城被称为大研厢；经过几代木土司的营建，古城得到了迅速发展，成为中国西南古代交通要道——"茶马古道"的重要商品集散地和商贸重镇；清代，丽江"改土归流"，流官知府在城东北建流官府城，丽江古城再度扩大，并将大研厢改为大研里；乾隆三十五年（1770年）设丽江县，治所设在古城；民国时期，设丽江县，治所仍在古城，古城大研里改为大研镇；抗日战争时期，丽江成为大后方中印交通枢扭，商贾云集，商贸的繁荣促进了城市建设的发展，出现了兴建、改建房屋的高潮。与此同时，沦陷区南迁高校的一批名流学者来到丽江的学校任

碎石铺就的地面体现了古城居民和谐圆融的生活态度 ▶

的丽江古城仍然人山人海。来自天南海北、世界各地、肤色不同、语言各异的人们，摩肩接踵，出进古城。看得出来，进城的人们怀着极大的好奇，出城的人们脸上则满是兴奋和满足。

据有关史料记载，在古代，丽江古城原址是纳西族先民居住的地方，这里村寨星罗棋布，在隋唐时期形成一个草皮街，称为"公本支"。"公

教，或从事文化考察研究。于是丽江古城的经济文化也就得到了空前的大发展，成为一个小有名气的高原城市。1949年7月1日，丽江和平解放后，丽江地委、专区行政公署、丽江县委、县政府机关差不多所有的部门都设在古城。1954年，丽江新城建成，行署机关搬到新城。古城的地方政治和经济中心也随之移至新城，古城又成为居民区和商贸区。

1986年12月，国务院将丽江古城列为国家历史文化名城，丽江古城再度成为全国知名城市；1997年12月联合国教科文组织将丽江古城列入世界文化遗产名录，丽江古城迅速成为一个世界知名的城市。

古城今昔

我第一次来丽江古城是在上世纪80年代。那时，走在夕阳下五花石板铺成的街巷中，就如走进历史的深巷。夕阳的余辉洒在油亮的五彩石板地上，放着斑铜样的光泽；玉河之水真像玉石般熠熠生辉；清清的河水与古老的街道相伴曲折闪亮而行，通入炊烟袅袅的千家万户。那时几乎没有外地游人，全城都是熟人，相见彬彬有礼，时时谦让互助，人人尊老爱幼，犹如一个特大的家庭。到处是那样宁静安详，那样淳朴自然。伫立河岸，看着那小桥、流水、人家，一种特殊的民族风情与江南水乡韵味交织在一起的画卷悠然铺陈眼前，思古之情便油然而生。这个古城有着罕见的幽静娴雅，在古

铸而成的，是纳西族的民族之魂。

沿着新石板铺成的东大街随着人流走进古城，我感到了丽江古城的变化，原来熟悉的宁静的小桥、流水、人家还在，但街巷中的店铺灯火通明，商品琳琅满目，沿街两旁的红灯笼像长龙盘旋于装饰一新的古城中，使这个古色古香的小城有一种既轻慢闲适又热情洋溢的气氛。

四方街是古城的中心地带，它是一个石板铺成的不大的方形广场，四周是古老的店铺，古城各条街道都通到这里，北有东大街，东有五一街、七一街，南有光义街。从古到今它都是古城的中心集市，商贾云集之地。广场上排列着古董、珠宝、铜铁器、民族工艺品、民族挎包、布匹、衣服、毛皮制品、地方小吃等等的摊铺，各种各样的物品在彩色的灯光下令人眩目。从四方街放射出去的各条街道都有河流相伴，古玩店、民族工艺店、民族饮食店、饭馆、客栈、西餐馆、纳西古乐馆等一家接着一家，灯火通明，人流如织。

◀从古城远眺玉龙雪山

朴别致的民居庭院里，纳西族人在种花养草，喂鸟观鱼，那样悠闲自在地生活着。古城人的生活及生活情调常常使人想起《桃花源记》，而比起《桃花源记》又多了纳西族文化的特殊内涵。这种文化的内涵博大精深，丰富多彩，神秘莫测，它深藏于大山古城中，将雪山下平坝中的古城滋养成一个有血有肉的生命体，这个生命体是纳西族数千年文明熔

街道边河岸旁的饮食店装修别致，情调浪漫，很多游人往往长久驻足于此，坐在反射星空和灯火的小河边，喝着丽江的雪山茶，望着来自天南海北的游子和穿着纳西族服装的当地人，心中说不出的惬意。

尽管大多数外地游客并不知道丽江古城过去是什么样子，但他们对目前的古城仍然深深喜爱，他们的共同感受是，这个古城太美了，太难得了，它

令人想起久远的过去，想起厚重的历史，想起古老的先民和多样的民族文化，同时又令人想起明天，想起未来美好的生活追求。

望着灯红酒绿、游人陶醉的古城街道，想着过去的丽江古城，我感到思绪混乱头脑麻木，不知道是十多年前的丽江古城好，还是今天的丽江古城好，也许都好，也许各有千秋。今天的古城已不完全相同于昨天的古城，明天的古城也肯定不会完全相同于今天的古城，但只要它的文化的内涵不变，它的生活的风貌基本得到保护，它的价值就不会贬，它诱人的色彩就不会褪。

当然，丽江古城绝不仅仅是"小桥、流水、人家"，绝不仅仅是如今的旅游业红火，它是一个多元合一、内涵十分丰富的古城。首先，它是一个水域之城，它的密布的水网是自然与人的共同造作，同时也可以说是人和自然的有机结合，使它成为了最适合人居住的地方；其次，它是一个神灵之城，纳西族"天人合一"的宇宙观认为，天地人是一体

文化使古城在滇西北高原上独领风骚，同时它所吸收融合的汉族、藏族、彝族、白族等的文化使古城的文化更加绚烂多姿，更加具有生命力和吸引力。

总之，这是一个文化交叠的千年古城，是纳西族在深山秘境中吸收多样民族文化熔铸而成的世界文化遗产。可以说，它是世界唯一的多元文化汇合、民族融合为一、千年不变的"活着的古城"，它是纳西族在漫长历史岁月中，适应自然、改造自然、重塑自然而成就的一个高原深处的文化瑰宝。

然而，美丽的东西是容易被摧毁的，文化尤其如此。世界历史上地震、战争、疾病等等天灾人祸不知摧毁了多少文化。天灾也许人类无法抗衡，而人祸呢？丽江古城经历过特大地震的考验，经历过无数次改朝换代洗礼而亭亭玉立。今天，面对着外来文化和旅游大潮的冲击，它是不是还能够保得住它的天生丽质和文化瑰宝的内涵呢？

旅游业是个新兴的产业，是一种力量。它会带来一个地方的繁荣，也会带来一个地方文化的变异

> 今天的古城已不完全相同于昨天的古城，明天的古城也肯定不会完全相同于今天的古城，但只要它的文化的内涵不变，它的生活的风貌基本得到保护，它的价值就不会贬，它诱人的色彩就不会褪。

的，万物都有灵性，因而万物都是神灵，于是这是人神共居之城，或者是神灵保护之城；其三，它是一个商业之城，它的出现就是商业的催化，它从一个村庄在历史的风雨中逐步演变成为"茶马古道"上的一个著名商品贸易重镇，并雄立于滇西北崇山峻岭上千年，曾以商业贸易的繁兴闻名于世；其四，它是一个文化之城，古老而色彩丰富的纳西族

和被摧毁，这就要看这种力量的发展方向和人们的管理力度和管理智慧。丽江古城的今天如何？它的过去如何？它的未来又将如何？让我们深度地进入丽江古城，去感悟它的内涵和领略它的丰采吧。

1 ┌─
　└─ 2

1. 澜沧江藏族村落——斯农村

2. 怒江少数民族生活离不开吊桥

滇川藏接合部是世界上地理环境最复杂的地区。自从喜马拉雅造山运动开始，这里的群山就没有停止过向上攀升，加之无数大江发源奔流切割，出现了高大的雪山和滚滚长河相间相隔、纵向排列的壮丽景象。三江并流地区是云南海拔最高的高原高寒山区和国内最大的高山峡谷区，发源于青藏高原的金沙江、澜沧江、怒江并肩南行，形成了世界独有的"三江并流"奇观。

玉龙雪山不仅是一处自然奇观，还是纳西族人民心目中的爱情圣山。旧时在封建礼教和包办婚姻的压迫下，许多纳西族情侣为反对"礼教"而殉情。他们把玉龙雪山视为圣明和爱情的归宿，相信在这座雪山上有一个美丽绝伦的净域——"玉龙第三国"。如今玉龙雪山海拔 3240 米的旅游胜地——云杉坪，就是当年情侣们的殉情之地。天南海北慕名而来的旅游者漫步于神话般的云杉坪，望着白雪皑皑的玉龙雪山，心中想象着美丽的玉龙第三国，无不赞叹连连。

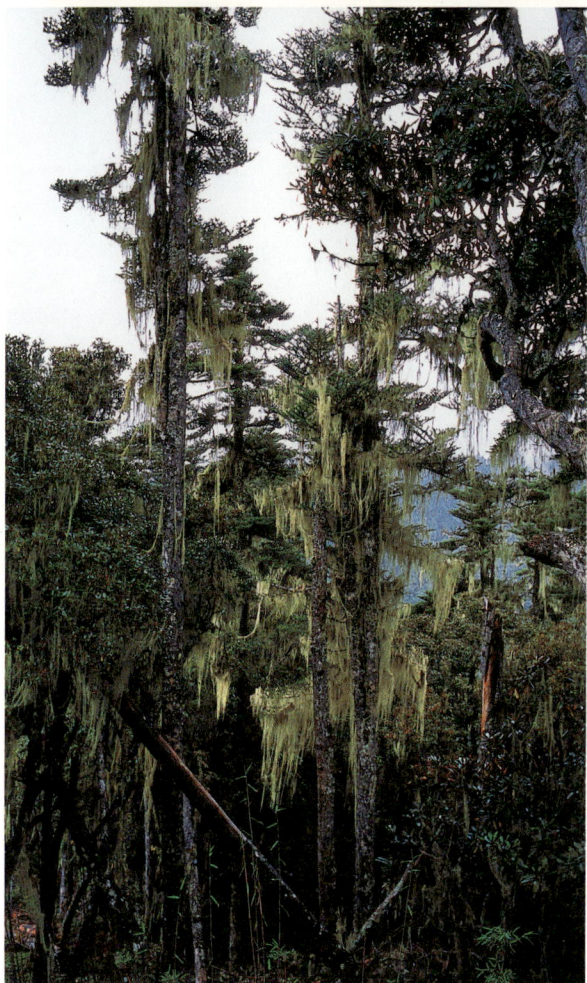

1. 圣洁的玉龙雪山冰川

2. 玉龙雪山上的圣地——云杉坪

3. 老君山原始森林

| | 2 |
|1| 3 |

1. 虎跳峡胜景

2. 稳居江中的虎跳石

3. 虎跳峡是徒步旅游者的最爱

虎跳峡是世界著名峡谷，全长17公里，落差210米，两岸山体壁立3000米，以"奇险"见称，如今已成旅游胜地，每年都有大量的国内外旅客前来探险、观光。

游虎跳峡，可从丽江直接乘车到虎跳峡镇，步行里许就达峡口的虎跳石旁，看江水击石，大浪滔天就是一种极大的满足和享受。但要真正领略虎跳峡的风采，则应走传统的路线，即走"下虎跳"、"中虎跳"和"上虎跳"。

这条路线是从丽江大具进峡，沿小路到山脚，进入"下虎跳"，这里水势如奔马脱缰，猛虎下山，江中有虎跳石，气势十分壮观；过江上山，在陡坡上有一个村子叫"核桃园"，过去的马帮和今天的旅游者多在此处住宿，火塘边吃着当地人为你准备的老腊肉和青稞酒，真是别有一番滋味在心头。出核桃园前行数里就是"中虎跳"，此处悬崖直树、流泉飞瀑众多，行此如行水帘洞中。过了中虎跳，峡谷收窄，山风劲吹，山道嵌入崖壁，步步心惊胆颤，过一稍宽斜坡，见两山夹峙，形若两扇铁门，中立黑色虎跳石，这就是"上虎跳"。到此，金沙江已被收束已久而怒不可遏，江水飞腾，浪花冲天，声如雷震，水雾弥天。虎跳峡的壮景至此才为极致。

丽江很早就是古人类活动的舞台。早在10万年前，就有古人类在此生息繁衍，使丽江成为中国西南古人类活动的重要地区之一。旧石器时代的晚期智人——"丽江人"、金沙江河谷洞穴岩画和其他众多新石器、青铜器、铁器等的考古发现提供了可靠的见证。

金沙江、澜沧江、怒江源头的青藏高原草原地区是古代氐羌族群的发祥地，他们逐步向南迁徙，在中国西南形成了众多的民族。藏族、纳西族、彝族、普米族、白族、哈尼族、怒族、独龙族、傈僳族、基诺族、景颇族、阿昌族、拉祜族都是他们的后裔。这些民族的祖先大多是沿着澜沧江、金沙江、怒江向南迁徙的。在长期的历史岁月中，他们或驻或走，世代繁衍，使三条江成为了民族的走廊。总体观之，三江并流地区，主要居住着氐羌族群的后裔。

丽江地区是滇川藏的腹心地带，居住着纳西、傈僳、普米、汉、白、彝、藏等十多个民族。丽江市古城区和玉龙纳西族自治县，面积共7648平方公里，人口32.9万人，其中纳西族18.4万人，占总人口的57%。千百年来，各民族生活在丽江这块美丽肥沃的土地上，创造了各自不同的文化，使得丽江地区的人文景观多姿多彩。同时各民族长期共同的生活和交流，使得各民族的文化"你中有我，我中有你"，使得丽江的文化具有了极大的丰富性和旺盛的生命力。

```
    2
1   3
    4
```

1. 傈僳族妇女能歌善舞

2. 藏族弦子舞

3. 金沙江桥头卖草莓的纳西族妇女

4. 朴实的彝族妇女

第 2 章 水域之城

　　走进丽江古城，人们得到的第一印象大概就是"小桥、流水、人家"。这是丽江古城的一大特点。

　　在漫漫历史长河中，在中原人的眼中，滇西北雪山峡谷是一个荒原不毛之地，是人们难以涉足的禁区。在大多数人的印象中，那里只会存在放牛放马人和简陋帐篷之类的东西，哪里会有城市之类的文化，很难想象会有丽江这样的酷似"江南水乡"的美丽城市以及在这个城市中的别具一格的文明。更难以想象的是，这座滇西北雪山峡谷中的古城在中国乃至世界建筑史上都占有独特的位置，它是一个独特的作品，是一个具有山城之貌的水域之城。

上千年历史岁月悠悠度过，这座古城一直保有十分鲜明的特点。纵横交错的河网犹如血脉密布于古老的城市之中，古城民居则依河而建，形成主街傍河、小巷临渠的古城建筑格局。有诗人曾这样吟唱："家家门前流活水，户户垂柳拂屋檐。粉团花红引蝶来，雪山倒影映渠面。"这确实是古城民居建筑格局的真实写照。

在3.8平方公里的古城范围内，有300多座各式各样的桥梁将道路和古老别致的建筑物连在一起，形成四通八达，处处畅通的格局。这在古代的城市建筑史中实属罕见。

玉龙河入城

丽江坝子这块江湾腹地，群山环抱，湖泊星散，肥沃而平坦，自古就有几条河流蜿蜒其中。这些河流都来自玉龙雪山及其余脉。

约5万平方米的"黑龙潭"。清溪水南流与黑龙潭水汇合流过玉龙桥，就进入古城。玉河，纳西语称为"公陆吉"，意为九龙庙九眼洞流下来的"九龙水"。于是，有人又称玉河为"玉龙河"。

玉龙河是一条自然河流，丽江古城形成以前，在它的沿岸是密布的纳西族村寨和纳西族人开垦的广袤的田野，正是这条河滋润哺养了古城的文明。

丽江古城的形成是河水先行的结果。

玉龙河这条丽江坝子的母亲河开发利用的过程，实际上也就是丽江古城发展的过程。第一阶段是自然河上形成原始集市和老城区；第二阶段是开挖西河形成西城区；第三阶段是开挖东河形成东城区，从而形成了丽江古城的基本规模。

三条河在城内各自一分再分，形成无数的河流纵横交错，相互交织。河流最宽处不过五六米，最窄处不足1米。水流平缓处，水静无波，清澈见底；水流陡处，飞珠溅玉，哗哗有声。它们入墙绕户，穿街过巷，形成主街傍河、小巷临渠、跨河建楼、

自古以来，丽江古城河网中的河水一直以清冽甘甜、水质洁净著称于世，古城居民的饮用水多取于河中。世世代代，古城人视古城河水为命根，敬若神灵，保护有加。

古城坐落于坝子的中央，北依象山、金虹山，西枕狮子山，东南两面是开阔宽广的坝子。有一条河流穿城而过。这条河叫做"玉河"，发源于古城北面的象山。象山因形似大象而得名。玉河有两个源头，一是清溪水，二是黑龙潭水。清溪水从山体中渗出下自成溪；黑龙潭水则来自象山山脚百余米地段的几十处泉眼，清泉从岩石中汩汩而出，汇成

依山就势、庭院而居的高原水城景观。

自古以来，丽江古城河网中的河水一直以清冽甘甜、水质洁净著称于世，古城居民的饮用水多取于河中。世世代代，古城人视古城河水为命根，敬若神灵，保护有加。

此外，在古城中还有许多泉潭，供人们饮用。这些泉潭水质优良，清冽甘甜。它们出自地心深处，

有古树环绕,风景优美,旱涝不侵。泉潭的开发使用可称古城居民的绝技。泉潭一般被修成上、中、下三个水池,三池相连,称为"三眼井"。上池用于饮用,中池用于洗菜蔬瓜果,下池用于洗涤衣物。经过三眼井的潭水沿渠流出古城,灌溉农田。

直到今天,在古城任何一个"三眼井"的上池旁,都放着一个饮水用的葫芦瓢,供居民和行人饮水。这个习惯据说已经有上千年的历史,当年从四乡来"公本支"赶街的人们都喜以古城泉水解渴下饭;来往穿行于古城的马帮"藏客"更是饱饮山泉,口吟情歌,再走向四面八方。如今,丽江古城的旅游业日益发达,旅游者漫步古城的大街小巷,寻找早已闻名遐迩的"三眼井"。见到三眼井,先是惊讶,再是感叹,然后是开怀畅饮,离开时一步三回头,口中嗟讶不已。

桥梁大观

走进丽江古城,就如走进了一张密布的河网,

同,有木板桥、石板桥、单孔桥、双孔桥、多孔桥,种类繁多,风格各异的桥梁给古城平添了梦幻般的水乡情趣,使丽江古城简直成了一个水乡桥梁建筑的博物馆。

在这些桥梁中,历史最为古老的当数造型最为简单的木板桥。木板桥是以一块或数块栗树木板架在河上即成。栗树木板为耐腐木料,据说与坚硬的石板同寿,能经得住长期历史岁月的风雨剥蚀。仅从可考的丽江塔城古铁桥已有一千多年的历史来看,丽江古城的栗树木板桥的历史更早得多,因为它是最原始的桥梁建筑。在丽江古城中,直到今天,古栗树木板桥比比皆是,许多临河人家,门前河上就架着一块栗树木板,出门过河十分方便。

栗树木板桥给丽江古城增添了古风古韵。

石拱桥是丽江古城的一大景观,洋洋洒洒,遍布城中。石拱桥多为明代建造,这是因为明代时丽江社会安定,经济发展,是古城形成的鼎盛时期。

家家流水,户户垂柳,水是古城人家生活的灵魂 ▶

每条河道都有道路与之相伴,而每一条路都随着河道而曲直。在古城中,有水就有路。河渠如织,道路亦如织。四通八达的街道,像蛛网一样密而有序。

河道如网,必以桥相通。

丽江古城多桥,在这个小而美丽高原水域之城,竟有大小桥梁300余座。这些桥梁建筑年代不

这一时期建房构屋,铺路搭桥,蔚然成风。精美的、雄奇的、造型别致的石拱桥正是这一时期犹如雨后春笋般出现于古城大小河流之上,形成了美不胜收的石拱桥建筑群落,使雪山林立、群山环抱、河流交织的古城倍增诗情画意。

在石拱桥建筑群落中,高踞玉河之上的大石桥最为有名,由于桥下河水倒映玉龙雪山,又被称

为"映雪桥"。据《光绪丽江府志稿》载：映雪桥"在西门外一里许，明时木土司建"。

该桥系双孔石桥，同心圆形，长10.6米，宽3.84米，高2.2米，桥面拱起，用五花条石铺成，走在桥上，路面光洁，石纹如鲜花绽放，美不胜收。站在远处，映雪桥如彩虹飞架玉河，两旁是古朴典雅的民居古建筑，后面是雄伟高壮、银光闪烁的玉龙雪山，如此景致，仿佛天造，令人叹为观止。映雪桥是丽江古城中最大的也是较古老的桥梁。"映雪桥"这个名字虽然很文雅，但少为人知，当地人和外地人都称呼它大石桥，最近几年，大石桥更是远近闻名。

1989年，我第一次到丽江时，看到一位70多岁的老人每天一动不动地坐在古城的大石桥桥栏上。他谁也不理，白发苍苍，浑浊的眼睛望着远方的雪山，从他的眼神可知，他的心神早已翻越重重关山，在遥远的天地中自由奔驰。有人告诉我，他是过去丽江古城中有名的"藏客"。我的心怦然而

接，是由东进入四方街的必经之桥。因而过去四乡来赶街的人们到了大石桥都喜在桥上驻足休息，凭栏观望，古城人则喜在桥上观风景聊家常，外地游人更喜站在桥上赞叹美景，或摆出姿态摄影留念。因此，自古以来大石桥上都是热闹的。如今，大石桥两旁的店铺更是密密麻麻，生意火暴兴隆甚于别处。

人寿桥亦是玉河上的一座石拱桥，位于百岁坊巷口。据说，在古代这里有一座栗木板桥；清代，居住这里的年氏父子寿岁过百，便建造了一座百岁坊以为纪念，并把栗木板桥改造成石拱桥。人寿桥为单孔，长4.4米，宽3米，桥面平行，两侧安坐式厚石板矮墙护栏，桥身外端拱圈上方安石雕龙头。这座石拱桥精巧美观，十分引人注目。

万子桥，是玉河上一座颇有名气的石拱桥。这座桥不仅以雄伟高大见称，而且以建桥人的愿望闻名。万子桥桥长9米，宽4.2米，高3.4米，孔径4米，桥面两侧安坐凳式条石护栏，是丽江古城中最高的桥，而且式样也属古拙大方。相传，

如今岁月带走了他的青春年华，带走了他的梦想。而这座大石桥则是他回望过去的高台，回忆和向往的寄托之所。

动，当年这个人一定是个风流潇洒的马锅头，长年走南闯北，在滇西北通往印度的崇山峻岭中和漫漫长路上扮演着高原英雄的角色，创造出无数神妙离奇的故事。如今岁月带走了他的青春年华，带走了他的梦想。而这座大石桥则是他回望过去的高台，回忆和向往的寄托之所。

大石桥现位于古城中心繁华地带，两边店铺连

明代有一杨姓富户久不得子而又求子心切，于是出钱修建这座桥，建桥材料采用一种沙粒和小鹅卵石凝结成的石料，寓意"子孙万千"，并取名"万子桥"。

在玉龙河水入城处，是远近闻名的双石桥。这座桥建于明代，为木土司出资所建。双石桥原为双孔石拱桥，长10米，宽4米，是一座分水桥，

玉龙河水穿过双石桥后分流为东、中、西三条河。中河、西河连新华街，东河连新义街。1959年拆双石桥，在桥北新建混凝土结构的玉龙桥，是为平面桥，桥长12米，宽14米。1987年，扩建加宽两边人行道各5米，桥面增宽至24米。这座桥由于位于丽江古城的正面入城处，近年来在桥侧建造了大水车日夜不停地转动，外地游客多驻足流连，或观看赞叹，或沉思默想，或摄影留念，因而，此桥十分有名，外地人称它"玉龙桥"，当地人仍称它"双石桥"。

当然，丽江古城还有许多桥梁都很有名，且名称十分有趣，一听便难于忘怀，例如：玉带桥，卖鸭蛋桥，卖鸡豆桥，卖鸡巷桥，马鞍桥等等。

桥具有公共属性，长期以来，纳西族人将桥当作进行集体活动和文化教育活动的场所。每逢佳节喜庆之时，都要用松枝和彩带在桥上搭建彩棚，桥旁人家更是将家中的花卉盆景搬到彩棚中，万紫千红的彩桥搭成后，便是通宵达旦的唱戏、民歌对

没有城墙的古城

丽江古城没有城墙，无论你从古城的任何一个方向任何一个路口都可以进城。据说，当年木土司在丽江古城中建府建衙时，曾经请了个高明的风水先生来看风水。风水先生一看古城所在地就认为这块江湾腹地是滇西北罕见的建城好地，但是他又指明木土司建立府第的这座古城不能够建造城墙，因为木土司姓木，住在城中，城墙如框，木字加框就是"困"，不仅限制了木土司的发展，而且将被困死。

纳西族原无姓氏，行"父子连名"。明洪武十四年，明王朝平定云南时，木土司（当时叫阿得）因"率众归顺"并协助明军扫平周围地区有功，云南平定后，明王朝奖励功臣，封阿得为世袭地方官（土司），并赐姓木。至此纳西族始有汉姓。

当然，也有传说，认为丽江古城中居住的纳西族人自古就有开放意识和开放精神，他们对一切有益于本民族的文化都勇于吸收而变为自己的东西，表现在城市建筑上就是一种开放的格局，没有城

> 无论你从古城的任何一个方向任何一个路口都可以进城，这在古代城市建筑史上是罕见的。

唱和古乐演奏。在古城，桥实际上还是重要的文化载体。

纳西族居大江之侧，住水域之城。他们是最早建筑桥梁的民族。因之，他们所居住之地在遥远的古代就被称之为"笮"（桥），这是对这个民族的开放精神、沟通能力的最准确的概括。

墙，这表明丽江古城在政治、经济、文化上广泛吸收，对外开放。

关于丽江古城无城墙的两种说法有着截然不同的含义，但是，直到今天丽江古城没有城墙则是事实，这在古代城市建筑史上是罕见的。

由于没有城墙，站在稍微高一点的地方，丽江古城便可尽收眼底，一览无遗。其中，土司府署

建筑群规模宏大，繁丽堂皇，十分地引人注目。明崇祯十二年（公元1639年），徐霞客游历到丽江古城，这个见多识广的大旅行家大为惊叹，在其游记中写道："宫室之丽，拟于王者"，"楼阁极盛，多僭制"。如今，木土司府经过大规模的修缮，更加雄奇壮观，已经成为了高原上的一个博物馆。

木府位于古城四方街的南面，与狮子山东面连成一体。其建筑格局有如北京紫禁城，以东西中轴线布置建筑群落，占地面积100多亩，主体建筑坐西向东。按照纳西族传统的观念，因为东方是太阳升起的地方，东方属木。太阳和木是纳西族东巴教的崇拜物，亦为明王朝皇帝赐给木土司的姓。西河水从木府门前流过犹如故宫的护城河，河上有桥，名"玉带桥"，过桥就是一座雄伟的古牌坊，坊上"忠义"两字据说为明朝皇帝所书。走进府内依次为议事厅、万卷楼、护法殿、光碧楼、玉音楼、三清殿、花园等建筑。背靠的狮子山犹如故宫的景山，山上遍植柏树——"黄山古柏"，是著名的丽

都是一样的。当然，对于古城人来说，城里的道路熟如掌纹，走起路来，大步流星，犹如走在自家的庭院。对于外地人，特别是旅游者来说，这如入迷宫不辨东西的感觉反而使他们乐趣大增，他们在石板路上慢慢游荡，东张西望，看到在家门口晒太阳的纳西族老太太，或是举起照相机照上一张相，或是走过去与之攀谈。当这些外地人啧啧有声地赞叹着感叹着，继续往前走时，不知不觉，他们会走到了一个十分热闹的地方。这就是古城的中心——四方街。丽江古城的所有街道都通向这里，犹如江河水流汇入大海。

四方街这个称呼在云南的众多古城中并不鲜见，几乎所有的古城的中心集市都称四方街，这是因为云南古城的规模一般较小，在城的中心地带一般都形成一个方形的广场，赶街的人们、各种货物汇集于此，因而得名四方街。

丽江古城的四方街很早就有名气。在清代时称为府城市，民国时称为人和街，纳西语称为"支

"环市列肆，日中为市，名曰坐街，午聚酉散，无日不集，四乡男妇偕来。商贾之贩中甸者，必止于此，以便雇脚转运。"

江十二景之一。

古城不设城墙，从各处入城都十分方便。但是，也是由于没有城墙，无论从任何一个方向进入古城，都犹如进入一个迷宫。古城的道路密如蛛网，在古城中真是东西南北莫辨。所有的街道似乎都是一样的，都是五花石板铺成的，而几乎所有的路旁都有一条小河，河旁街道旁的民居建筑也大体

力古"，意为街市的中央、古城的中心。四方街是个大街场，长68米，宽22米，面积1500平方米，四周为房屋店铺。几百年来，丽江四方街为滇西北最大的贸易集市。古文献记载："环市列肆，日中为市，名曰坐街，午聚酉散，无日不集，四乡男妇偕来。商贾之贩中甸者，必止于此，以便雇脚转运。"以四方街为中心，新华街、新义街、五一

街、光义街、七一街等5条主街道呈放射状伸向古城的四面八方。在这延伸而出的5条街道中分布交差着30多条街和主干巷道，数百条小巷道。它们回环连贯，曲径通幽。街道两旁的房屋建筑物，大都兼具商业贸易和居民住房双重功能，临街一面开铺子，或作商店，或为手工作坊，由大门而入则是深深的庭院，庭院内楼房四合，有的人家更是庭院套着庭院，称为一进几院，是为住宅。

古城的街道大多为五花条石铺就而成。这种五花石为丽江所独有，是由城郊河底的鹅卵石在漫长的历史岁月中沉积而成的。工匠们从河底捞起大块的巨石，劈凿制成长约1米，宽、厚各约20厘米的条石后，就用来建房铺路。以五花石铺成的街道，雨不泥泞，晴不扬尘，在古老建筑和清清小河的夹峙中整条街巷道路五彩斑斓，石纹朵朵，如花开放。有些老街道，经数百年的人走马踏，岁月打磨，变得玉石一般光滑美丽，光可鉴人。1977年，沿入城的玉龙河修了一条宽17米，长320米的大街。这条街称为"东大

澜，透射着古铜色的光泽。久久看着这个海洋，人会轻轻摇动，仿佛就要升腾遨游于古城的上空，一种历史的辉煌蓦然注到心头。

下得山来，步入城中，顺着任何一条街巷，实际上你都走在了古老民居建筑的博物馆中。

据建筑专家说，纳西族的建筑形式是经历了毡房、木楞房、坡顶草房、土庄房几个阶段，又经历了明代大规模建设才最终形成的。在古城形成的历史长河中，其建筑形式受到汉文化的深刻影响，但是至今纳西族建筑文化形式和特点比如悬鱼、女房、蛮楼、妹楼、公母柱、奇数间、没有城墙等，依然在古城的建筑中存在着，它是一种历史之根，深深扎在纳西族辽远宽广的历史和现实生活中。

若要追溯古城建筑的发展，那就是一个从纳西逐步汉化的过程。丽江古城的民居建筑格式的演变是：元明至改土归流以前，古城建筑格式为平房（母房）、妹楼（母房加一层楼）、明楼（妹楼前加走廊）等三种类型，到了改土归流以后，汉文化

水洗过后的五花条石铺就的古城街道▶

街"，由于路面宽阔，所选五花石料十分精细，且做工考究，东大街犹如铺了一块巨大的花地毯，人行其上，心旷神怡，会生出无限感慨。

建筑博物馆

站在狮子山上俯瞰丽江古城，那是一个房顶的海洋。在阳光下，青灰色的屋瓦像被凝固住的波

被大量引入，古城建筑也大量出现三坊一照壁、四合五天井、走马转角楼、江南水乡的园林花园等建筑式样。

丽江古城的建筑总的来说，为纳西族建筑风格与汉族建筑风格的结合。

"三坊一照壁"是古城民居中最基本、最常见的建筑式样布局，即正房一坊，左右厢房二坊，

加上正房对面的一个照壁合成一个三合院。三坊一般每坊皆是三间两层。正房一坊朝南，面对照壁，主要供老人居住；东西厢房二坊为下辈人居住，正房三间一般两层，但上层的进深和高度都比正房稍小。正房与厢房二坊的相交处在结构上用"头梁合抱柱"的办法共用一根柱子。这样，三坊与照壁形成一个面阔三间，进深三间的天井。天井多为砖石铺地，种有花卉，大门设在厢房的一侧。

"四合五天井"是古城中另一种常见的民居建筑式样格局，由正房、下房，左右厢房四坊的房屋组成一个封闭的四合院，除中间一个大天井外，四角还有四个小天井。所以称为四合五天井。四坊多为三间两层，也有厢房、下房为一层的，但正房大多高于或大于其他各房，地坪也略高，多朝东或南，这样阳光照射多。

四合五天井建筑的房子一般形成"跑马转角楼"，即在四坊房子的楼上设外走廊使四面相通。在古城中，有的人家建筑占地面积大，四合院的四

精华所在。

门楼是古城人家的脸面，因此是装饰的重点。门楼大多朝向南方，取"彩云南现"吉兆。其形式有三种：一是砖拱式门楼，多做成三滴水牌楼形式，中间高，两边低，筒板瓦顶用砖层层挑檐，端部翘起，门洞边框的墙柱一般用砖缝整齐的青砖镶面；二是木过梁平拱式门楼，为砖木混合结构，以木过梁承托，外包薄砖组成三滴水牌楼；三是木构架式门楼，屋顶多为一滴水的人字形屋面，檐下用多层花板、花罩装饰。古城民居门楼造型生动，细部精细，内容丰富，有的雍容华贵气度不凡，有的色彩纷呈繁丽堂皇，与古拙朴实的墙面形成鲜明的对照。

天井是民居建筑的中心，亦是装饰的中心。古城民居的院落有一家一院、一进两院、一进多院等不同的组合。但综观丽江古城民居建筑，平面布局上是以天井为中心来组织，无论何种平面类型，都有一个近似正方形的大天井，天井用砖石或卵石铺

古城建筑的装饰艺术，特别讲究民族特色。门楼、天井地面、照壁字画、门窗和屋顶悬挂物是其装饰艺术的精华所在。

角的四个天井也十分宽大。

古城的每一栋建筑，外观式样都各不相同。从造型上看，高低错落组合有致，屋顶曲线舒展柔和，轮廓优美；外墙立面比例和谐，风格朴实，材料运用对比统一，色调素雅，玲珑精巧。而古城建筑的装饰艺术，特别讲究民族特色。门楼、天井地面、照壁字画、门窗和屋顶悬挂物是其装饰艺术的

就。由于天井是民居的中心，是人们在家里自己的天地中自由活动的场所，因而，天井地面铺筑时十分讲究装饰设计。有的人家，地面上装饰着蝙蝠图案，以象征福气不断；有的人家在天井正中装饰一个特大的古钱图案，象征财物旺盛。当然也还有装饰其他各种各样图案的，都是取其象征的意义。在天井中，置盆景、栽花卉、养雀鸟也不失为一种动

态的装饰。

照壁，在建筑中具有"风水"的意义，有"挡"的意思。照壁不仅是挡墙，而且还能起到反射光线的作用，使得屋内光洁明亮。当然，照壁更是一块装饰的平面。照壁的顶犹如房子的顶，两端同样飞檐翘角，铺陈着古老的瓦当，其图案神秘朦胧，每一片都如一页页厚重的历史，一幅幅精美的图画。照壁的上端一般都画有山水画、写有唐诗宋词，以及像图画一样的纳西族东巴象形文字；照壁的两端也有一些字画图案等等；照壁的正中往往是一个巨大的"福"字，或是"吉祥如意"、"福禄寿喜"、"紫气东来"等字样。这些字写得十分艺术，有的像一只仙鹤，有的龙飞凤舞，总之引人注目，令人浮想联翩。在照壁上写字画画是古城人文精神的表现和装饰艺术的特色。

门窗装饰是古城纳西族民居中细木雕饰的精华。在五一街兴仁上段1号杨增林家，我们看到了真

窗扇也是格子门式雕刻，其花草鱼虫，活灵活现，表示的是四季平安、吉祥如意、福禄寿喜之意。这种雕花门窗不仅寄托着古城人的美好愿望，也展示着纳西族的艺术创造力和艺术感染力。

丽江古城的建筑为土木结构，瓦屋楼房木架承重，土砖砌墙。布局讲究顺其自然，依循地势和水流而建，院落多为坐北朝南或坐西向东，有利于采光、挡风和避寒暑。家家的正房地坪和屋顶皆略高于其他地方，都有宽大的厦子（即外走廊），这是丽江古城纳西族民居最重要的组成部分。丽江冬日太阳暖和，夏日无酷暑，但中午太阳当顶，直射的阳光十分强烈，有个厦子挡住中午直射的阳光，廊下就十分凉爽。所以，厦子在古城纳西族建筑中兼有走廊、会客、用餐、休息、纳凉的功能。而那河水绕房，水流入户的格局和情景，更是诗意盎然，令人顿生清净闲适之感。

穿行于店铺林立、五花石板铺成的街巷，给人印象最深的是古朴，走着走着仿佛走入了古代，仿

> 厦子在古城纳西族建筑中兼有走廊、会客、用餐、休息、纳凉的功能。而那河水绕房，水流入户的格局和情景，更是诗意盎然，令人顿生清净闲适之感。

正的纳西族门窗装饰艺术。杨增林家的房子是祖传下来的，已有两百多年的历史了。一看就是传统的古城建筑，有平房、妹楼、明楼、天井。正房坐北朝南，正房的中间一间为堂屋，门为雕花格子门，雕有花草鱼虫。纳西族建筑正房的格子门雕刻，内容十分丰富，有雄鸡葵花、松鹤同春、鹭鸶踩莲、锦鸡牡丹、鹰立菊丛、喜鹊争梅、孔雀玉兰等等，

佛走入了早已被世人遗忘的角落。丰富多样、古老朴拙是这个古城的建筑特色，也是这个古城特有的韵味。

古城生活

在古城，你无论走入任何一户人家，都会感到进入了一方新的天地中，都会感到进入一个令人眼

晴一亮的建筑奇迹中。

新华街双石段69号的民居门楼十分引人注目。它看上去古老庄重，而又完好如新。斗拱层层叠起，翘角如翅初展，金笔重彩，气势不凡。门楼上的对联也是笔画苍劲，意境优美，十分醒目。那门联写的是："玉岳有峰皆雪秀，古城无户不花香"，横批是："锦绣家园"。

当我们穿过门洞进入这户人家时，逐一出现眼前的情景令我们暗暗吃惊。这是一个真正的大花园，方形的天空碧蓝如洗阳光灿烂，地上是用各色鹅卵石拼成的象征吉祥如意的精美图案，各种各样的花卉正在宽大的院子里争奇斗艳怒放不已。在房廊和高大的花树下挂着鸟笼，笼中的画眉和鹦鹉正在对唱。这是一座漂亮的装修典雅的大宅院。它的建筑格式是：坐北朝南，靠北正房为五间楼房，西房为三间平房，东房为两层楼房，正房对着的是一个大照壁，这是一个典型的三坊一照壁建筑，但它的南楼是明楼建筑格局，又是较为典型的古城纳西族传统建筑。

呼我们，并端来了雪山茶。在厦子下坐下后，他说，这几年，随时都会有外地人闯入，说是参观参观。他说外地人对古城的房子很感兴趣，说明丽江古城的民居建筑和古城人家的生活都有着十分鲜明的特色。

主人名叫和升，纳西族，59岁，退休干部。他家的这个大宅院已经传了20多代人，有两三百年的历史了，最近进行了装修，看上去崭新气派，为此主人很自豪。我们认为他的大宅院宽大漂亮，所在又是古城的黄金地段，可以搞成个旅馆，一定很赚钱。老人说，他有三个女儿都出嫁了，儿子在丽江宾馆工作，收入不错，他自己的退休金每月1000多元，加上老伴的600元，已经很够过了，还开什么旅馆。他说："我一生追求的就是悠闲安静的生活，开了旅馆，就得不到清净了，写不成字，画不成画，也养不成花、鸟、狗了，那生活还有什么意思。一年前，我们建立了新华街书画小组，有18个成员，都是退休的。我们每月活动一次，谈诗论

这是一个真正的大花园，方形的天空碧蓝如洗阳光灿烂，地上是用各色鹅卵石拼成的象征吉祥如意的精美图案，各种各样的花卉正在宽大的院子里争奇斗艳怒放不已。在房廊和高大的花树下挂着鸟笼，笼中的画眉和鹦鹉正在对唱。

我们在天井中四处观望，而主人却一直在浇花。他个子瘦高，头发花白，目光沉静，衣服整洁，具有学者气质，给人一种态度随和，与人为善的印象。对于随便进入他家的外地人，他似乎早已习惯，不以为意。我们对他说，我们想看看他家的房子并想了解一些关于古城人家的生活。听到我们的要求，他放下手中的喷壶，热情地招

画，其乐无穷。自古以来，我们古城的纳西族，男女老少都喜欢栽花养草，吟诗作画，喂养小动物，这是一种生活的乐趣。"

确实，丽江古城的人们似乎一直就过着这种与世隔绝的自给自足自得其乐的生活。当然，这种生活随世演变，由来已久。

丽江古称"花马国"。据说，在丽江巨甸东

南，"岩有石如马，其色斑斓"，花马国的名字就得于此。丽江纳西族先民在早期从事游牧。马对其游牧生活来说，至关重要。当纳西族定居丽江，结束游牧生活进入半农半牧以农为主的生活后，纳西族先民培育出了闻名遐迩的"丽江马"。

滇西北"茶马古道"畅通后，丽江马成为最好的马帮走南闯北，并把丽江的美名也带到了天南海北。

丽江马的声名远播，自然引来四方来客。古城背靠的狮子山就是来丽江买马的人的云集之处，并早已形成了著名的"三月龙王会"和"七月骡马会"。这是滇西北最有名的马市，这种以买卖骡马为主的交易盛会在滇西北的崇山峻岭中是一大景观，它使冰山雪域中的生活充满了浪漫的色彩。

岁月悠悠，社会安定，纳西族人热爱大自然的本性在对花的钟情上表现得淋漓尽致。

纳西族人爱花，古城人爱花，早已为人所知。在群山环抱的丽江，一到春暖之季，漫山遍野都是鲜花，这时的丽江真是一个山花烂漫的花花世界，

有上百盆，其花卉种类多不胜数。其中，仅梅花就十多种，兰花就数十种。牡丹是富贵之花，古城人家多有栽种，一旦谁家牡丹花开，被视为富贵之神降临，古城人将不约而同到这户人家来赏牡丹，并搭建花卉彩棚，演奏古乐以为庆贺。

古城人户外插柳，院内栽花，使得春色常驻，使得古城成了一个名副其实的大花园。在丽江古城，一年两次的花会是不可错过的。春天，兰花开放时的兰花会是古城的盛会，各家都将自己的兰花拿到花会上参加比赛；八月，菊花开放时的菊花会，各家也将菊花送来评比。在这种花卉的大展示中，古城人的生活情趣也得到了大展示。

古城人喜欢吹拉弹唱，差不多每个男人都会一两件乐器，平时在家自拉自弹自唱，十分地逍遥自在，自得其乐；吹拉弹奏技巧高的人将被吸收进入古城的"弹经班"，在古城的祭祀活动或丧葬礼仪时集体演奏"洞经音乐"。如今，在丽江古城瑰宝中名气最大的大概要数"丽江纳西古乐"。这是一种从中原

納西族老人在吹笛子 ▶

无论东南西北风，吹来的都是花香。这时人们游春，采集大量的各式各样的鲜花回家，将家园打扮得万紫千红。而每逢节日节期，在家里插花是古城人的一个千年流传不衰的风俗。

当然，最精彩的还是古城家家户户都栽花这个爱好和习俗。在古城，家家户户都是养花户，在家中的天井设有花圃，放有盆景。有的人家仅盆景就

传到丽江的道教洞经音乐，据说是忽必烈征云南时带来丽江的，后由爱好音乐喜欢吹拉弹唱的丽江纳西族人世世代代地演奏演唱，天长日久，就变成具有浓烈纳西族特色的"丽江纳西古乐"了。在丽江，直到今天，无论在古城中，还是在各乡村，男女老少都会哼唱几支古乐曲。他们的纳西腔哼唱，别有一番风味，弹奏的古乐更是纳西味十足。

古城人喜欢吟诗作对和绘画，长期以来积累了大量诗歌、对联、谚语和形成了声名远扬的古老金沙江壁画、明代丽江壁画、清代永宁壁画、纳西族乐舞图以及剪纸、绘画、书法艺术。长期的文化积淀和艺术熏陶使得丽江古城差不多所有的男人都是诗人和画家。他们不仅善于用纳西族象形文字写诗作画，而且更善于使用汉文和文房四宝。闲暇时日，三五朋友，一杯清茶，便应对唱和，诗情舒卷，画意飞扬。

野炊是纳西族的一个古老的习惯，称为"冬东拉"，意为到野外打伙吃。长期以来，纳西族同龄人都喜野炊，如杀羊野炊叫"羊东拉"，捕鱼野炊叫"鱼东拉"，杀猪野炊叫"色主本"。到了旧历二月八日"三多节"，各家各户都带着火锅到三多庙和黑龙潭以及风景秀丽的野外去野炊。

古城人更喜养鹰驯鹰和放鹰野炊。养鹰驯鹰是古城人的拿手好戏，在山中捕到鹰后，就将鹰的眼皮用丝线缝合，使其避免外界刺激并在黑暗中接受主人的喂养。几天后放开鹰眼，鹰就只认主人。

古城人说得好："劳动时候学蚂蚁，生活时候学蝴蝶。"这是古城人的人生格言和生活哲理，几千年来他们都是这样做的。这是一个劳逸结合的民族，这是一个十分讲究生活质量的民族。

走在丽江古城五花石板铺陈，店铺林立的街道上，你会看到穿着纳西族服装，神态自然，匆忙走过的纳西族妇女。她们不会主动和你打招呼，但如果你要问什么而主动与之说话，她会停下脚步，认真听你的话，然后认真地回答你的问题，一般来说，她们的汉话说得十分流利。

但是，在古城中，纳西族妇女永远讲着纳西话，她们是古城纳西话代代传袭的传承者，她们使古城中上千年来一直充满着纳西族优美的声音，使外地人永远感到这个深受汉族等文化影响的城市是一个真正的少数民族的城市。

纳西族女人永远穿着本民族的服装，无论在劳动时还是在日常生活中。她们的肩上披一个被称为"披星戴月"的羊皮褂，上面饰有九个

古城人说得好："劳动时候学蚂蚁，生活时候学蝴蝶。"这是古城人的人生格言和生活哲理，几千年来他们都是这样做的。这是一个劳逸结合的民族，这是一个十分讲究生活质量的民族。

这时主人将鹰拿到集市接触人众，使鹰不再害怕人类，然后到野外用绳拴住鹰腿放飞，唤其回归。到其无绳而归，就成为一只合格的猎鹰了。放鹰是古城男人的一大爱好。一有闲暇，他们就带上鹰、狗、锅碗，扛上枪到野外深山去，狗将飞禽撵出，就放鹰飞捕，鹰击长空，撞得羽毛满天，最是赏心悦目的动人时刻，接着就地生火野炊。

圆盘，两大七小，大的直径约五寸，小的直径约三寸，均用丝线描绘着图案。纳西族说，两个大圆盘分别代表太阳和月亮，而七个小圆盘代表星星，象征着纳西族妇女"肩担日月，背负繁星"的起早趟黑的劳动美德，这种具有审美意味和象征意味的民族服装，既是工作服，更是纳西族生活的服饰和文化的载体。据说，这种服饰来自于

一个壮烈的故事。在远古之时，天上有九个太阳，大地上只有白天，十分灼热，旱魔横行，民不聊生。有个叫做英古的纳西族姑娘决心为民除旱，与旱魔搏斗，但由于人小力薄，险些丧命。但她的善行感动了上天，于是三多神派出雪龙助战，吞了八个太阳，制服了旱魔。为了人间万物的正常生长，雪龙吐出了一个冷太阳，变成了月亮，其他太阳吐出变成七个星星镶在了纳西族姑娘英古的披肩上。传说故事是美丽动人的，它是先人们对生活追求，对人与自然关系发展的曲折反映。"披星戴月"实际上记载着纳西族先民征服自然创造生活的业绩和对美好生活的向往，它是带有神话和传奇色彩的历史文化的表现。随着历史的演变，"披星戴月"早融入了纳西族人的人生观和审美观，成为了她们美好生活的象征物，这是一种民族生存哲学的象征，因为它在社交礼仪娱乐等活动中所起着的重要作用，又成为一种民族的神圣标志，一个民族的尊严。她们永

旺。"纳西族女人是男人的大后方。

纳西族女人是特殊的女人，是保守的女人。也许正是这种保守，保住了丽江古城，保住了古城的民族文化特色和独特的生活情趣，使这个古城在近千年的各种外来文化的冲击下立于不败之地。可以说，纳西族女人是丽江古城的维系力量，是古城活泼生动的象征。正如古城人所说："男人连接外部世界，女人保持内部世界"、"男人吸收各种文化，女人将各种文化保持住"。如果没有纳西族女人，纳西族无论是原有的文化，还是吸收的外来文化，以及千百年来广泛融合形成的古城的生活情趣，说不定早就丧失殆尽了。

如果说，丽江古城仅是一座历史悠久的古城，它没有什么了不起，在中国，这样的古城多得数不清。丽江古城的了不起就在于它所具有的特点举世罕见：它是一座功能齐备的活的古城，有一个历史久远、风习奇异的民族生活其中，他们的文化古老而独特，他们生活方式仿佛一直在吟诗作对，

> 纳西族女人是特殊的女人，是保守的女人。也许正是这种保守，保住了丽江古城，保住了古城的民族文化特色和独特的生活情趣，使这个古城在近千年的各种外来文化的冲击下立于不败之地。

远穿着这种民族服饰，实际上是要永远保持自己本民族圣洁的文化。

纳西族妇女是家庭的主心骨，她们起早趁黑地劳作，将家庭制造成一个美丽平静的港湾，将家庭的成员牢牢地吸附在温暖的家中，使得纳西族男人无论走到天涯海角都心系着家。所以当地人总会说："没有女人，太阳不亮；没有女人，家运不

犹如一首永远唱不完的田野牧歌。这就是古城的灵魂，正是这灵魂使丽江古城一直闪烁着诱人的光彩。这正是这座古城有别于世界上其他古城的价值所在，也正因为如此，联合国才将它列入世界文化遗产名录。

然而，外来人口的增多和商业旅游业的发展，也为古城的环境带来了诸多危机。

玉龙河是一条自然河流，丽江古城形成以前，它流淌在丽江坝子广袤的田野，它的沿岸是密布的纳西族村寨，正是这条河滋润哺养了古城的文明。

玉龙河原名"玉河"，发源于古城北面的象山，有两个源头，一是清溪水，二是黑龙潭水。清溪水从山体中渗出下自成溪；黑龙潭水则从象山山脚几十处泉眼汩汩而出，汇成约5万平方米的"黑龙潭"。清溪水南流与黑龙潭水汇合流过玉龙桥，就进入古城。玉河，纳西语称为"公陆吉"，意为九龙庙九眼洞流下来的"九龙水"。于是，有人又称玉河为"玉龙河"。

黑龙潭位于丽江古城北的象山脚下，距离古城约2公里。黑龙潭是一80万平方米的天然池塘，潭底有清泉奔涌，水面碧波荡漾，是古城河水之源。黑龙潭现名玉泉公园，建有亭台楼阁，桥廊舫榭，使原来风光迷人的黑龙潭更添人文气息。

黑龙潭因清乾隆皇帝赐题"玉泉龙神"而声名远播，是丽江最著名的旅游景点。

白龙潭也称白马龙潭，位于古城南的光义街光碧巷口。相传是纳西族先民祖羌白马氏族后裔从原巨津州白马寨移居此水源而得名。白龙潭水出地下，现有见方约5米的水池，水清见底，甘爽清凉，自古就是古城人饮用和祭"署"（自然神）的泉水之一。由于神奇的地下水文现象，白龙潭上涨水旺时，黑龙潭水就下落水小，而黑龙潭水上涨时，白龙潭就水小。这种现象给人们带来了许多的遐想和美丽的传说故事。其中有一个美丽的传说是这样的：白龙潭和黑龙潭是"署"的两兄弟，老君山九十九龙潭是一位美貌的姑娘，她是兄弟俩的共同妻子。白龙潭弟弟与姑娘相会时，白龙潭泉水就下落，黑龙潭泉水就上升旺流。如果黑龙潭哥哥去老君山见姑娘，黑龙潭水就下落，白龙潭水就上涨。故事是美丽的，它给白龙潭和黑龙潭注入了神秘的色彩。

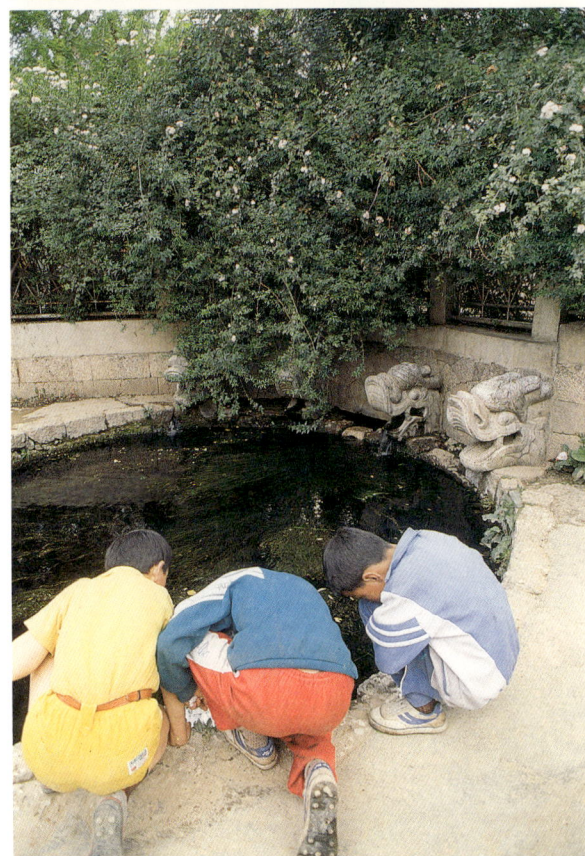

1 | 2
　 | 3

1. 黑龙潭

2. 玉龙雪山玉龙河源头

3. 白龙潭

1	
2	4
3	

1. 丽江古城入口处的大水车

2. 在院中淘洗的纳西族妇女

3. 纳西族妇女在家门口溪水旁洗菜

4. 古城独特的三眼井

发源于城北象山脚下的玉泉水分三股流入古城后，又分成无数支流，穿街绕巷，流布全城。这里主街傍水，小巷临渠，小桥、流水、人家相映成趣，被誉为"东方威尼斯"。利用城内涌泉修建的"三眼井"在古城中随处可见，上池饮用、中塘洗菜、下流漂衣，是纳西族先民智慧的象征。

丽江古城河网密布，有大小桥梁300多座。桥梁的年代有别，式样各异，有木板、石板、单孔、双孔、多孔，是一个桥梁的博物馆。在众多的桥梁建筑群落中，高踞玉河之上的大石桥最为有名，由于桥下河水倒映玉龙雪山，又被称为"映雪桥"。大石桥系双孔石桥，同心圆形，长10.6米，宽3.84米，高2.2米，桥面拱起，用五花条石铺成，走在桥上，路面光洁，石纹如鲜花绽放，美不胜收。站在远处，映雪桥如彩虹飞架玉河，两旁是古朴典雅的民居古建筑，后面是雄伟高峻、银光闪烁的玉龙雪山，如此景致，仿佛天造，令人叹为观止。映雪桥是丽江古城中最大的也是较古老的桥梁。"映雪桥"这个名字虽然很文雅，但少为人知，当地人和外地人都称呼它大石桥，最近几年，大石桥更是远

近闻名。

大石桥现位于古城中心繁华地带，两边店铺连接，是由东进入四方街的必经之桥。由于桥面高耸，有居高临下之势，因而过去四乡来赶街的人们到了大石桥都喜在桥上驻足休息，凭栏观望，有的则在桥上做起了生意，使得桥市生意十分兴隆。古城人则喜在桥上观风景聊家常。当然外地游人更喜站在桥上赞叹美景，或摆出姿态摄影留念。因此，自古以来大石桥上都是热闹的。如今，大石桥两旁的店铺更是密密麻麻，生意火暴兴隆甚于别处。

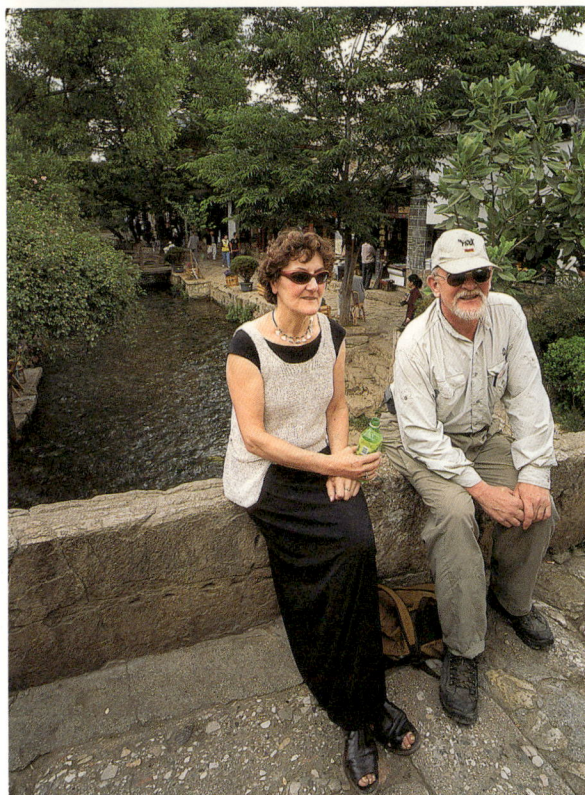

1 | 2
　 | 3

1. 夕阳照在大石桥上

2. 大石桥上穿梭的行人

3. 在大石桥上休息的外国游客

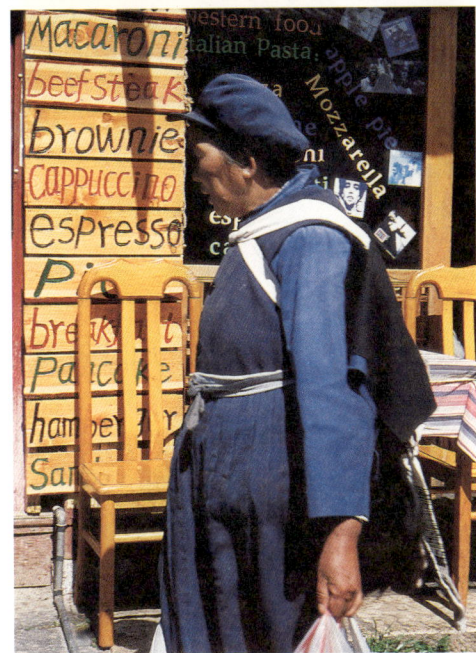

1 | 2
  | 3
  | 4

1. 古城关门口

2. 古城文化"大观园"——木府

3. 游客喜爱到纳西族家庭品尝当地菜肴

4. 纳西老人对外文招牌已经习惯

丽江位于滇西北，金沙江与横断山脉的交汇地带，为云南与西藏之间的贸易路线"茶马古道"上的重要转运站。丽江历史上曾因地理优势和贸易而几度辉煌。如第二次世界大战期间，中国沿海港口及滇缅公路断绝，内地贸易一时缺货，"茶马古道"便成为中国与国外沟通的少数通道之一。而作为"茶马古道"货物中转站的丽江，则成为当时中国最大的物资集散地和中转站。据记载，当时各地商人纷纷云集丽江，在丽江设立商号，一下子使得小小的古城仅大商号就有七十多家，小商号数百家。丽江一时热闹非凡，国内外的货物堆积如山。夜晚灯光闪亮，人喊马嘶，每天大队的马帮出入古城。"茶马古道"和丽江古城迎来了它有史以来最辉煌的时期。

由于商贸发达，此地纳西族居民吸纳了汉、藏等族的文化精髓，形成了特有的生活形式。

丽江古城最主要的特点就是它是一个罕见的活着的古城，不仅建筑古老，而且民居（庭院）里的文化、生活——弹琴、书法、绘画、育花等等汇集成独特的情调。

纳西族人爱花，古城人爱花，早已为人所知。在古城，家家户户都是养花户，在家中的天井设有花圃，放有盆景。有的人家仅盆景就有上百盆，其花卉种类多不胜数。古城人户外插柳，院内栽花，使得春色常驻，使得古城成了一个名副其实的大花园。旧历二月八，是历史悠久的古城花市，届时大街小巷鲜花排列，人满为患，各种花卉互通有无，尤以各种老树根的买卖最为红火，老树根上嫁接花卉制成盆景是古城人的一大爱好和特殊手艺。在丽江古城，一年两次的花会是不可错过的。春天，兰花开放时的兰花会是古城的盛会，各家都将自己的兰花拿到花会上参加比赛；八月，菊花开放时的菊花会，各家也将菊花送来评比。在这种花卉的大展示中，古城人的生活情趣也得到了大展示。

古城人喜欢吹拉弹唱，差不多每个男人都会一两件乐器，平时在家自拉自弹自唱，十分地逍遥自在，自得其乐；在丽江，直到今天，无论在古城中，还是在各乡村，男女老少都会哼唱几支古乐曲。他们的纳西腔哼唱，别有一番风味，弹奏的古乐更是纳西味十足。

古城人喜欢吟诗作对和绘画，长期以来积累了大量诗歌、对联、谚语和形成了声名远扬的古老金沙江壁画、明代丽江壁画、清代永宁壁画、纳西族乐舞图以及剪纸、绘画、书法艺术。长期的文化积淀和艺术熏陶使得丽江古城差不多所有的男人都是诗人和画家。他们不仅善于用纳西族象形文字写诗作画，而且更善于使用汉文和文房四宝。闲暇时日，三五朋友，一杯清茶，便应对唱和，诗情舒卷，画意飞扬。

1 | 2
——
  | 3

1. 玉龙花园是休闲下棋的好去处

2. 丽江古城到处都是鲜花

3. 新华街居民和升在院中养鸟种花

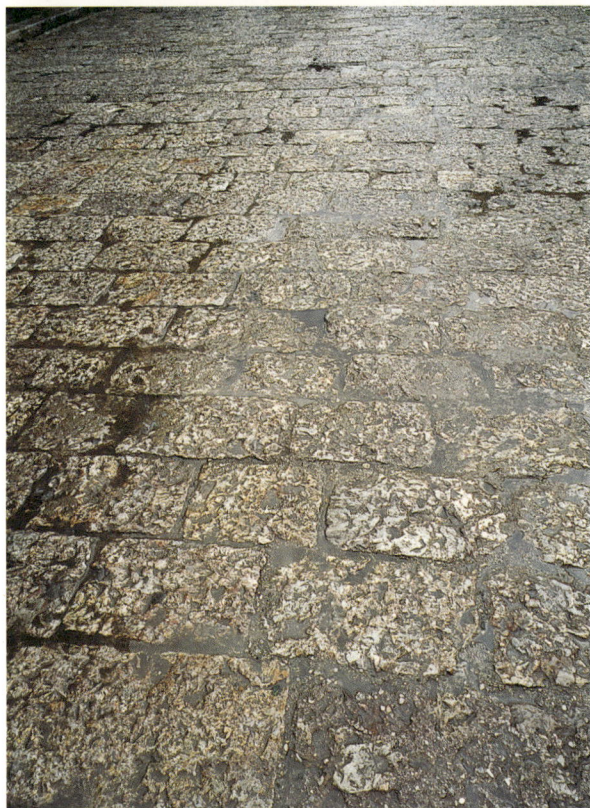

```
   2
1 |
   3
   4
```

1. 独具特色的纳西族民居

2. 大石桥附近的古民居保存完好

3. 屋檐下一方小天地流露出生活的味道

4. 五花条石铺成的街道

丽江古城实际上就是一个古老民居建筑的博物馆。据建筑专家说，纳西族的建筑形式是经历了毡房、木楞房、坡顶草房、土庄房几个阶段，又经历了明代大规模建设才最终形成的。

街道两旁的房屋建筑物，大都兼具商业贸易和居民住宅双重功能，临街一面开铺子，或作商店，或为手工作坊，由大门而入则是深深的庭院，庭院内楼房四合，有的人家更是庭院套着庭院，称为一进几院，是为住宅。

丽江古城的建筑为土木结构，瓦屋楼房木架承重，土砖砌墙。布局讲究顺其自然，依循地势和水流而建，院落多为坐北朝南或坐西向东，有利于采光、挡风和避寒暑。家家的正房地坪和屋顶皆略高于其他坊，都有宽大的厦子（即外走廊），厦子在古城纳西族建筑中兼有走廊、会客、用餐、休息、纳凉的功能。而那河水绕房，水流入户的格局和情景，更是诗意盎然。门窗装饰是古城纳西族民居中细木雕饰的精华。纳西族建筑正房的格子门雕刻，内容十分丰富，有雄鸡葵花、松鹤同春、鹭鸶踩莲、锦鸡牡丹、鹰立菊丛、喜鹊争梅、孔雀玉兰等等，窗扇也是格子门式雕刻，其花草鱼虫，活灵活现，表示的是四季平安、吉祥如意、福禄寿喜之意。这种雕花门窗不仅寄托着古城人的美好愿望，也展示着纳西族的艺术创造力和艺术感染力。

在这样的古色古香的建筑物构成的环境中生活，有一种令人说不出的恬静和舒适，有一种沉浸在原始自然中和艺术殿堂中的感觉。

第

3

章　神灵之城

丽江坝子坐落在滇西北高原的崇山峻岭中，群山环绕，田畴平坦，随着四季的气候更迭，变化着不同的颜色，美丽而神奇。丽江古城，就在这个高原平坝的正中。湛蓝的湖泊、星散的村庄，众星拱月般环绕着这个闪烁神秘之光的古城。

走进丽江，人们就会被一种浓烈的神秘气氛笼罩，好像这里的一山一水、一草一木都有神性。在乡村，随时会碰到身穿极为古老服装的被称为"东巴"的宗教祭师在做祭祀活动；在城镇，到处是神奇生动的图画和图画样的文字。

丽江古城的神秘之光来自古老的东巴文化。这个被称为"东方一绝"的东巴文化包括了东巴教祭祀仪规、东巴象形文字、纳西族的古典哲学、东巴文学、东巴音乐、东巴舞蹈、东巴绘画等丰富的文化内涵。东巴文化对古城，对整个纳西族的精神文化影响深远，对滇西北其他民族也有重要的影响。

自18世纪始，中外文化学、宗教学方面的专家学者不断地收集东巴经，开展对东巴文化的研究，取得了丰硕的成果。随着中国对外开放的不断扩大，东巴文化逐渐成为国际文化研究领域的一个热点。

东巴文化

东巴文化源于纳西族原始宗教——东巴教。

东巴教源于纳西族早期社会里的原始氏族宗教。唐代，中甸白地等地的纳西族祭师借用藏族本波教祖师丁巴什罗的名称，创造了东巴什罗祖师形象，称原来的原始氏族宗教祭师"毕朴"为"东

东巴教，汉文古籍记载为"刀把"、"多巴"、"东跋教"、"刀巴"、"多巴教"等。因为"东巴什罗"为其创教始祖，又因其祭司叫做"东巴"，故称为东巴教。到了宋元时期，东巴教在金沙江流域的纳西族地区奠定了基础，其宗教思想和形态基本形成。明清时期，随着木土司势力的扩张，东巴教也随之流传到纳西族兵将驻守之处和纳西族迁徙的所居之处。在东巴教发展的过程中，同时也形成了许多派别，一般来说是以民族支系和分布地域划分。如"白地派"、"白涵派"、"达巴派"、"阮巴派"、"露鲁派"、"班西派"、"傈僳派"、"普米派"、"堂郎派"、"宝山派"等等。民国时期，丽江出现了一批学识渊博的东巴教大祭师，称为大东巴，在家收徒传教，是为私塾形式的传教方式。有的大东巴德高望重，声名远扬，被称为"东巴王"，在社会中居于较高的地位，他们专门从事宗教祭祀、收徒传教和书写经典。中华人民共和国建立后，丽江东巴教活动逐渐

丽江古城的神秘之光来自古老的东巴文化。

巴"；对原有的祭祀诵词加以修改、补充，用象形文字书写口颂经文；把原有的宗教祭祀仪式加以调整、充实、完善；把原有的氏族祖先崇拜对象加以筛选、提炼和升华，使之提高到民族祖先神的地位；在神鬼谱系中，增加从本教、佛教和道教中吸收的神灵鬼怪，逐渐增加宗教活动中的法器道具和崇拜偶像，创立了纳西族的东巴教。

减少，到20世纪80年代，仅有极少数东巴还在民间活动。90年代以后，东巴教又开始恢复，并以其独特的文化形态为世人注目。

在东巴教的发展过程中，东巴文化得以形成和发展。如今的东巴文化已是一个庞大的文化体系，它汇集了本教、藏传佛教、道家乃至古波斯、古印度的文化因素，汇集了周边各民族的文化因素，汇

集了纳西族社会生活、宗教哲学、历史演变、民俗事象、科技医学、文学艺术等，成为世界文化史上的一个奇观。

在东巴文化中，象形文字、东巴画、东巴舞蹈是最为独特最为世人关注的文化奇迹，是世界上罕见的文化瑰宝。

象形文化

——纳西族东巴象形文字，是当今世界上唯一活着的象形文字，是目前世界上少有的比较完整和系统的古文字，对于研究人类文字发展、人类文化史具有很高的学术价值，因而在世界上享有盛誉。国际学术界公认，古往今来，世界上以成千上万卷图画象形文字记录本民族千百年悠久历史和辉煌文化的，只有一个民族，那就是纳西族。纳西族的象形文字有1400多个图画文字，用这种象形文字写成的典籍《东巴经》中保留了许多古语古词，可以从中看到古老象形文字的起源和发展的轨迹。《东巴经》所记述的社会生活深厚博大，包罗万象、时令和方位的象形字符，天干地支的应用，年月日时的推算，十二生肖的来历等都是极具科学性的。再就是所记载的历史、哲学、文化更是闪烁着纳西族先民智慧的思想光芒。《东巴经》可称之为纳西族的百科全书。这种被称为"东巴经"的古籍，如今尚存2万多卷，分别收藏在中国和美、英、德、法、意大利、荷兰等国的图书馆和博物馆中，并一直为纳西族东巴祭师使用到现在，这在当今世界民族中是独一无二的文化现象。长期以来，世界文化界以收藏《东巴经》为荣，许多图书馆和博物馆将这种象形文字写成的《东巴经》视为"镇馆之宝"。如今，《东巴经》更是身价百倍，许多人到丽江就是为了一睹这种当今世界上唯一活着的象形文字。

很多学者研究认为，东巴象形文字，可能源于东巴木牌画。

纳西语称东巴象形文字为"森究鲁究"，"森"意为"木"，"鲁"意为"石"，"究"意

> 东巴文化对古城，对整个纳西族的精神文化影响深远，对滇西北其他民族也有重要的影响。

象。如所记载的纳西族古代文学就浩如烟海，许多作品结构严谨，情节动人，想象大胆夸张，世所罕见。著名的史诗《崇般统》（创世记）、抒情长诗《鲁般鲁绕》（牧奴迁徙）和英雄史诗《东岩术岩》（黑白战争）就是三部典范作品，被赞誉为东巴文学三绝，是世界民族文学宝库中的灿烂明珠。再如所记载的纳西族古代天文历法令人叹为观止。

为"痕迹"，"森究鲁究"即为"木石痕迹"或"木石记号"。木牌画是一种典型的"森究"（木痕迹）。东巴文字最初是一种原始图画字，是画写在木牌上的痕迹和记号。"鲁究"（石痕迹），则是画写在山崖上的痕迹和记号，即崖画，这在东巴文化的发源地中甸（今香格里拉）白地和金沙江沿岸的崖壁上多有发现。

东巴画

——东巴木牌画是以东巴教神祇为内容的绘画，是纳西族非常有特色的古老绘画艺术珍品。

在纳西族东巴进行宗教祭祀活动时，要使用大量的木牌画。木牌画是在长约50-60厘米，宽约10厘米，厚约1厘米的松木板上，用毛笔或竹笔蘸自制墨水绘成。绘制木牌画须按照画谱进行。例如绘制祭祀活动"祭风"时所用的木牌画，就是按《东巴祭风木牌画谱》照葫芦画瓢的（当然，大多数东巴是无须照谱的，他们就是东巴艺术家，从小就已将画谱熟透于心）。这部画谱是东巴教为人家举行祭风仪式制作鬼神木牌画时所用的摹本，也是青少年东巴平时学习木牌画的画谱。全书44页，共绘有130个不同形象的鬼神、人物及各种鸟兽，并用标音的东巴文逐个标名。木牌画作为纳西族东巴教的鬼神形象代表物，在有关仪式中作祭祀之用，它在宗教器物中是一种特殊的文物，是研究纳西族东巴教祭祀仪式文化内涵和东巴绘画艺术的珍品。在长期的历史发展过程中，纳西族东巴为祭祀活动绘制了大量的木牌画和纸牌画，可以说他们就是一代又一代的画艺精湛的东巴画家。

现代东巴书画是近年来以纳西族青年为主的一批书画家的作品，他们在汲取古老东巴象形文字和木牌画文化内涵和技法的基础上，以现代的思维观念和审美意识，用不同的绘画手法和材料进行创作，其作品不受透视比例、时空和场景的限制，画风单纯，古拙粗犷，自由无羁，形成了令世人耳目一新，既"印象"又"抽象"，既有神秘色彩，又具山野气息的独特绘画和书法风格。这种风格体现出现代与原始沟通，人与自然融合的和谐之美。这种脱胎于古老东巴象形文字书法和木牌绘画的现代东巴书画，具有历史悠久，深厚博大的基础，因而显出勃勃生机和强烈的生命力，越来越受到人们的关注和广泛的喜爱。

近年来，现代东巴书画在北京以及美国、德国、法国、英国、瑞士、韩国、新加坡等国展出，引起一浪高过一浪的"东巴书画艺术热"，近千张作品被国内外著名博物馆和艺术馆及个人收藏。东巴书画艺术正在成为中国及世界画坛的一个新的流派。

东巴舞

——"东巴舞"是原始多神教的祭祀性舞蹈。东巴舞与纳西族宗教活动紧密关连，不可缺少。诸如驱杀魔鬼、招魂送魄、超度亡灵、占卜吉凶、祈求丰年、祝祷人畜安康等等都有东巴舞的表演。

东巴舞，自古传袭，原始质朴，动作规范，舞姿刚健，丰富多彩。舞者大多手持刀、剑、鼓、铃等，随着沉重有力的鼓点，往往由缓而急，威严肃正，气氛热烈，有震撼人心的力量。

著名的"东巴刀舞"和"甲胄舞"就很有代表

◀ 东巴艺术节期间，纳西族男女穿上传统的民族服装，迎接远道而来的宾客

性。"刀舞"有独舞和群舞。独舞由"东巴"（祭师）表演，据说有若干套路。舞者持宝剑，在围圈的众人的呼喊和芒锣的伴奏下，做各种劈、刺、扫的动作，有的动作十分惊险，难度较大，非有一定的武术功底不能完成舞蹈。群舞由众多青年东巴一起表演。舞者穿长袍，系包头，一手持刀，一手持铃。边摇铃边做腋下擦刀，铃上趁刀，翻身横砍，马步架刀等动作。一般要求众舞者动作整齐划一。群舞粗犷有力，伴以锣鼓和大众欢呼之声，气氛十分热烈。

"甲胄舞"流行于滇川交界泸沽湖一带，源于祭山的祭祀活动，可以说至今仍是较全面地保持了祭祀内容的原始宗教舞蹈。跳甲胄舞时，一般不能少于二十人，跳舞前，先鸣三声火炮枪，接着海螺号长鸣锣鼓急敲；两名引路者头戴牛羊角，头插三角白旗和雉尾，身穿黑黄花纹牛皮甲衣，手持海螺，引"干木女神"（一女子饰）进场起舞。他们表演盗取火种给人间的事，与身披彩绘生牛皮甲胄，手持各种兵器扮成十二属相者坚决斗争，整场

"哦热热"舞多用于祭祀死者，深含祖先崇拜内容和情趣。关于其起源，说是古时有一种会飞的吃人肉、吸人血的魔鬼。在古时纳西先民游猎游牧途中，一旦有人去世，都有这种魔鬼来啄食吸血。人们为了保存死者尸体完整，就在死者周围燃起大火，大声诅咒、呼喊以赶走魔鬼。天寒地冻，长夜漫漫，人们手携手跳跃呼喊，用以驱寒壮胆。"哦热热"由此产生。

近年来，在丽江发现的用东巴象形文字写成的《舞蹈教程》和《舞蹈来历》，忠实而形象地记录了东巴教祭师跳神的60多种舞蹈，是极其罕见的世界舞蹈艺术中的珍贵遗产。

纳西族的"麒麟"、"白鹿"、"白鹤"、"牦牛"等吉祥动物舞，纳西语称"麒麟蹉"，意为"麒麟跳（舞）"。这个舞蹈就源于古老的东巴舞。在东巴舞谱中有许多动物舞。

"麒麟舞"一般在农历除夕之夜到正月十五日这段时间演出。由一村或数村组织筹资、组织表

"哦热热"据说是现存的最古老原始的祭祀性舞蹈，没有任何伴奏乐器，靠呼喊来协调舞步，舞者手拉手成排或成圈，双脚跳跃，身体前倾后仰，类似动物欢跳，简单稚拙，古朴无华。

舞蹈环火而舞，粗犷激烈，有皮手鼓、芒锣、铙和海螺等乐器伴奏。最后女神战胜了十二属相，光明战胜了黑暗，正义战胜了邪恶。

"哦热热"据说是现存的最古老原始的祭祀性舞蹈，没有任何伴奏乐器，靠呼喊来协调舞步，舞者手拉手成排或成圈，双脚跳跃，身体前倾后仰，类似动物欢跳，简单稚拙，古朴无华。

演艺人。演出地点在村中空地。在锣鼓声中，阿普老寿星头戴面具，红脸白须，手摇龙角神杖，率领他在天上所驯养的麒麟、凤凰、花马、斑鹿、白鹤、狮子等驾祥云来到人间赐福与民同乐，同时，一对老夫妻虔诚相迎，叫做"寿星拜祝"。寿星是整个舞蹈的指挥者，同时他要随时保护舞者做高难度动作时的安全。接着是"彩云南现"、"花马报

春"、"鹿鹤同春"等演出。

"麟凤呈祥"是舞蹈的高潮。麒麟由两名演员扮演，它的头特别大，眼睛又大又圆，麟角上贴着大红"丰"字，颈系铃铛，背饰花纹，腹垂黄毛，尾长一尺。它张口晃头，神气活现，左旋右转，忽上忽下，绕场一周，然后跳上高台，仰面望月；这时，火红的凤凰伸着长颈，拍打翅膀，环绕麟台；麟凤逗趣，多姿多彩。这一舞蹈，动作高难，和谐优美，历来为行家称道。

如今，这个源于东巴舞的"麒麟舞"已成为具有鲜明的民族特色和较高艺术水准的表演性舞蹈，是纳西族表演性舞蹈艺术中的珍品。

东巴的三大祭典

在丽江，当地的纳西族人会告诉外地人：我们这里有2000多位神灵。这种说法多少有些夸张。

但是，纳西族是一个多神崇拜的民族却一点不假。他们信奉万物有灵，大自然的一切，包括日月

而，东巴在群众中有较高的威信和地位，群众视东巴为智者、先生、知识分子，受到尊敬。在宗教活动中，东巴有绝对的权威。

东巴的宗教活动主要可分为占卜和祭祀两大类。占卜有血卜、胆卜、羊卜等，种类繁多，不胜枚举。总之凡事皆卜，预测吉凶祸福；祭祀是东巴教最重要的活动，东巴教对于神、鬼、人的不同态度和不同要求，通过不同的献祭、祈祷、巫术、禁忌等方式表现出来，并已成为了一种程式化的社会文化和宗教礼俗。东巴教祭典具有社会约定俗成的规范性。纳西族社会中的祭祀活动可以说是蔚为大观，其种类之多，礼仪之繁，可称数不胜数。在这林林总总、洋洋大观的祭祀活动中，祭天、祭署、祭风是最为隆重、规模最大、意义最深、影响最为深远的大祭典。

祭天

祭天，纳西语叫做"美毕"，"美"是天的意思，"毕"是祭。祭天是丽江东巴教传统祭仪中最为

> 他们信奉万物有灵，大自然的一切，包括日月星辰、山川河流、树木花草、动物植物都有神性，都是神灵，纳西族人对其顶礼膜拜，期望着神灵随时保佑人们的生活。

星辰、山川河流、树木花草、动物植物都有神性，都是神灵，纳西族人对其顶礼膜拜，期望着神灵随时保佑人们的生活。而这种期望，得靠人与神之间的媒介——东巴来实现。

在古代的纳西族社会里，东巴祭师掌握纳西族的传统文化，如经典、礼仪、风俗习尚，并集诗、歌、舞、画、卜算、工艺等于一身，多才多艺。因

隆重的一种祭祀活动，民谚有"纳西美毕迪"之说，即"纳西族是祭天的人"。可见祭天在纳西族人心目中的神圣地位。祭天是纳西族最重要的宗教活动。

祭天最初是纳西族自远古沿袭下来的自然崇拜形式，后来与纳西族的母系远祖和父系祖先结合起来。古老的东巴象形文经典《创世记》中说，纳西族始祖"崇仁利恩"兄弟姐妹互相婚配，导致洪水劫

难。只有崇仁利恩幸免于难，他与下凡洗澡的天神之女"亲红褒白命"相遇，一见钟情。他就随神女去天上向神求婚，在神女的帮助下战胜了天神的刁难，终于结为夫妻。但他们定居人间后，久不生育，只好派蝙蝠和狗到天上求天神赐教，天神说要举行祭天之礼才能生儿育女。两夫妇就照天神的意思祭天，果然生下了三子，这三子就成为纳西族、白族和藏族的祖先。从此以后，纳西族就开始祭天。习俗就延续下来，至今不衰。这个"祭天"起源的神话传说以及祭天活动的过程，实际上包含了祭祀祖先的内容，纳西族的祭天实际上也是祭祖先。

纳西族祭天的历史悠久，古老的传说和神话不仅在民间广泛流传，而且在汉文献中多有记述，如景泰《云南图经》卷五记："丽江军民府风俗：……摩些蛮，不事神佛，唯每岁正月五日，具猪羊酒饭，极其严洁，登山祭天以祈祷丰年禳灾。"

参加祭天活动的纳西族分为四个群体，称祭天群。在古代纳西族主要有"铺笃"、"古徐"、"古展"、"古闪"四个较古老的祭天群。据研究它们是由四个纳西古氏族演变发展而来。至20世纪40年代末，丽江县内的祭天群，有以氏族为单位的，有以宗族为单位的，也有以户为单位的。祭天一般每年春秋进行两次。春祭一般在正月，称为大祭天；秋祭在农历七月，称为小祭天。大祭天时，铺笃祭天群正月初三至初五为大祭，初八复祭；古徐祭天群正月初九至初十为大祭，正月十四复祭；古闪祭天群腊月二十二日砍祭天树，二十三日设坛，二十四日杀猪大祭，二十五日复祭。秋祭一般看星宿择吉日，也有定于七月初五或七月十四日的。各祭天群均有自己的祭天场，视为神圣之地。祭天场设在靠山的树木葱茏的风景优美之地。

居住在丽江古城中的木氏土司，有自己的祭天场。木家的祭天场设在狮子山脚下的一块平场上。木土司属于"古徐"祭天群。这个古老的祭天群有着严格的祭祀规矩，但是，木氏土司为了巩固自己的世袭统治地位，在祭天内容中加入了自己的意志，即将祭天中所祭的天舅改成了皇帝。这一改动就把传统的祖先崇拜的纳西族祭天文化改变成了皇帝崇拜的祭天文化。当然，这一改变，中央王朝是十分欢迎的。

1999年，丽江举行国际东巴文化艺术节。艺术节期间，在玉龙雪山下按照传统，进行了一次"祭天"表演。丽江地区最有名的大东巴主持了祭天仪式。当时，观众成千上万，仪式进行得有条不紊，十分庄重。那天，天色凝重，气候寒冷，神秘莫测的气氛一直笼罩在天地间。

是日，在祭天神坛最上一台处立三棵祭天神树，左右两棵为黄栗树，代表纳西族女始祖衬恒褒白的父母，中间一棵为柏树，代表衬恒褒白的舅父。神

祭天是丽江东巴教传统祭仪中最为隆重的一种祭祀活动，民谚有"纳西美毕迪"之说，即"纳西族是祭天的人"。

坛第二台，插立三炷大香于三棵神树前。神坛第三台，按辈数从大到小排列供放各户祭天竹箩"麻川督"。神坛第四台供放各种祭品。祭天活动主要有：由东巴念祭天经、做米酒、修祭天场栅栏、选备祭天树、春祭天米、立祭天树、除秽、点香、献酒、射箭镇鬼、杀猪鸡献血、献牲、献食、用母鸡复祭等。祭天期间的禁忌有：不能在祭天场说汉话，祭天猪的骨头啃后要焚烧而不能喂狗，祭天群成员间不能吵架、不能吃狗肉、马肉及飞禽肉。

在祭天的过程中，老东巴要吟唱卷帙浩繁的东巴经，特别要吟唱《崇般突》，这是一部《创世记》，是描绘世间万物起源和纳西族始祖迁徙创业的经典，是纳西族的圣经。在祭天的特殊情况和氛围中，老东巴的吟唱有感天动地的力量，使所有在场的人，无论是当地人还是外地人的心灵都被深深地震动。当然，对于纳西族的男女老少来说，在这个神圣的活动中，重温历史、回顾祖先所走过的道路，无疑是本民族传统美德

祭署

在1999年的中国丽江国际东巴艺术节上，有一项活动就是由东巴表演"祭署"。在黑龙潭公园的一块草地上，插上了许多木牌，上面画着蛙头人身蛇尾、人身蛇尾形象的精灵以及日月星辰、风雨雷电等。这些精灵和自然神灵形象的木牌画造成了一种神秘莫测的气氛，老东巴在念经作法祭署，观者人山人海，整个黑龙潭公园被人挤得密不透风。

入城的玉龙河上游是黑龙潭，潭水面积5万平方米，关于黑龙潭的传说很多，都带有十分神秘的色彩。祭署表演选在黑龙潭旁，真是别有一番意味。

"署"是纳西族东巴教中的大自然之神，总管着自然界的山川河流、木石鸟兽、花草虫鱼等。在古老的东巴经象形文字中这个大自然之神是一个蛙头人身蛇尾的形象。

在滇西北，在纳西族居住的地方，常可以看到画着这种大自然之神的木牌画插在村寨林木茂盛、

> *年复一年，世世代代，长行不衰的祭天大典，使纳西族人的民族向心力和凝聚力代代加强，使他们紧紧地团结在一起。*

和传统文化的教育，更是纳西族传统文化的一次传承。年复一年，世世代代，长行不衰的祭天大典，使纳西族人的民族向心力和凝聚力代代加强，使他们紧紧地团结在一起。

在丽江纳西族的社会生活中，除了春秋两季祭天外，还有坡边祭天，烧香祭天，祈求神灵消灾祭天等不定期的活动。

泉水流淌之处，这就是纳西人"祭署"的地方，纳西族称为"署古丹"。

每年农历的正月、二月、三月，纳西族人就择属龙或属蛇或属猴日，全村集中在"署古丹"祭场，作为期三天的大祭。个体家庭在二月的龙、蛇、猴日黄昏时分作小祭。一些人家在二月的龙、蛇、猴日在家附近作许愿署神仪式。干旱年间，村

民集中在水塘或水源处求雨祭署神。

祭署就是祭祀大自然之神，祈求风调雨顺，五谷丰登，人畜兴旺。

一年一度的"白水台盛会"，是祭署活动的典范。白水台盛会在每年的农历二月八日在东巴教圣地滇西北的中甸县（今香格里拉县）三坝乡白地举行。白地有个天设地造的白水台，是一座银白色的梯形之山，顶上平坦，有水溢出，清澈至纯，顺梯台而下，将这梯形之山洗刷得洁白透明，犹如水晶之体。盛会之期到来，人们沐浴更衣，准备祭坛、香烛、酥油灯、木牌画、谷子、苦荞、刀、旗、神药等。举行祭署仪式时，由老东巴在祭坛前烧香，献米，念东巴经，吹海螺，摇板铃，众人吹各种竹笛伴奏，在进行"接署神"、"分署寨"、"送署神"、念《烧天香经》、向五方磕头等一系列祈求署神赐福的过程中，人们围着篝火尽情起舞，场面十分壮阔。

总之，祭署活动有多种形式，其目的就是取得

谅自己的罪过，答应对森林植物、各种动物、河流水塘在保护的前提下使用，不再任意破坏。这样，"署"原谅了人，他们又成为了好兄弟。从此人类尊敬大自然的赐予，并形成了祭署的礼俗。

纳西族祭署这个原始宗教的礼俗，表达着人与自然应当和谐相处这样一个主题和道理，表达着纳西族"天人合一"的宗教思想和哲学思想。对于大自然，在纳西族古老的东巴经中有着严格的禁律，如不得在水源之地杀牲宰兽，以防水源污染；不得胡乱丢弃动物尸骸于野外；不得随意挖土采石；不得在生活用水区洗涤污物；不得在水源旁大小便；不得乱砍滥伐毁林开荒，等等。至今，在纳西族的社会中特别在广大的农村还存留着大量的石碑，上面镌刻着关于保护森林、水源、土地的条令和禁令。这种以乡规民约方式形成并镌于石碑的做法，是为了时刻提醒人们：大自然是人的弟兄，大自然是人的衣食来源，因而不得随意掠夺和破坏，否则将受到惩罚。而在大量的流传久远的传说故事中，

祭祀仪式上，东巴们在主祭东巴的带领下，一起跳"卡冉神镇鬼舞" ▶

自然神的关爱和保护。

在东巴经中，关于"署"，有这样的记叙：在从前，人与"署"是同父异母的兄弟，但后来，人过分贪婪，拼命掠夺自然，大量杀害动物，乱砍滥伐森林，冒犯了大自然之神"署"。这样，两兄弟成了仇人，"署"就报复人，使洪水泛滥，百病丛生，人的生存受到极大的威胁，只好祈求神灵原

都在讲述人因为破坏自然而遭到的惩罚，都在告诫人们要与自然和谐相处。这是一种长年不衰的、代代延续的告诫和教育，它使纳西人从心灵深处保持着对大自然的感谢和崇敬。

祭风

祭风是东巴教的重大仪式之一，是东巴文化中颇有特色的一个组成部分。祭风并不是祭祀大自然

中的风,而是祭祀一种鬼,一种非正常死亡的风流游荡之鬼。

祭风仪式在纳西语中叫做"哈拉里肯","哈"意为风,"拉里"意为游荡、飘荡,"哈拉里"有风流、风骚、放荡的意思,"肯"意为释放、解脱、使去某地的意思。纳西族人认为,非正常死亡者特别是殉情者的鬼魂会随风到处游荡。祭风就是超度这些亡灵。

纳西族的东巴教宗教观念认为:人死后变为鬼,但其灵魂不灭,所以正常死亡者要举行开丧、超荐仪式,不使其灵魂游移,死者才具有祖先身份,才能回到祖先故地和所有的祖先生活在一起,并给后代降下福泽。至于非正常死亡者,是凶死和恶亡,其灵魂被某种鬼魔所缠害,留下遗恨,往往会作祟于人,所以要请东巴祭师举行祭风仪式,专门为其招魂,祭祀导致其死亡的鬼怪,超度和安抚其亡灵,其家属和后人才能够免灾无病,心安理得,得到内心的某种安慰。

风的主题发生了重大的变化。公元1723年,清政府在丽江实施"改土归流"政策,推行封建礼教和中原汉族的婚姻制度,纳西族原有的社交自由、婚姻自主的传统遭到冲击。在封建礼教、买办婚姻、包办婚姻的重压下,纳西族年轻人自由恋爱的情侣往往不能结为夫妻,万般无奈,只好走上了殉情的道路,演出了无数惊心动魄,令人感慨万千的爱情悲剧。纳西族对爱情的忠贞,举世罕见。有情人不能结合,毋宁死。殉情的地点往往选择在本乡本土的山上或郊野景致较好的地方,一般要能见到玉龙雪山,因为传统观念认为,殉情者的灵魂最终要归宿于"十二欢乐山"(玉龙雪山),理想的"游翠大黑石"脚下。

在数百年中,丽江纳西族青年情侣的殉情,层出不穷,数量之多,不胜枚举。由此,有人更是称丽江为"殉情之都"。殉情,成为了纳西族的一大社会问题,为此,东巴教的祭风仪式也从传统的、对非正常死亡者的祭祀,演变成为大规模超度殉情

在封建礼教、买办婚姻、包办婚姻的重压下,纳西族年轻人自由恋爱的情侣往往不能结为夫妻,万般无奈,只好走上了殉情的道路,演出了无数惊心动魄、令人感慨万千的爱情悲剧。纳西族对爱情的忠贞,举世罕见。有情人不能结合,毋宁死。

据研究,祭风起因于对非正常死亡者的祭祀。祭风仪式的本来意义,就是祭祀风流游荡之鬼,超度非正常死亡者的亡灵。从古代到近代的漫长岁月中,在纳西族社会中,非正常死亡产生的原因很多,归纳起来,大体有战争、自然灾害、客死他乡、殉情等。

但是,随着社会的发展,特别是到了清代,祭

者亡灵的宗教仪式。

于是,在人们的印象中,祭风仪式仿佛专为殉情而设。的确,殉情自古有之,祭风仪式的主要经典《鲁般鲁绕》就是讲述纳西族古代社会一对情侣殉情的爱情悲剧故事。这对情侣的爱情因为遭到父母(有人认为是奴隶主)的强烈反对而殉情。故事凄婉动人,闻者无不下泪。

当然，随着社会的文明进步，纳西族的殉情已然消失，祭风仪式也随之消失，所见到者，往往具有表演的性质。

一般称祭风仪式为"大祭风"，可见这个祭祀的重要和在民间的影响。

实际上，殉情者因身份不同，灵魂的归宿是不同的。如果死者有后代，其灵魂就被超度到祖先所居之地；如果死者没有后代，其灵魂将被超度到"十二欢乐山"理想乐园。在脍炙人口的纳西族长诗《殉情调》中，称这个理想中的乐园为"玉龙第三国"，在那里"白天无蝇飞，夜晚无蚊咬。云在青杉屋，地铺红绿毡。白鹿当耕牛，红虎做乘骑。雉鸡当晨鸡，狐狸做随犬。织下一件衣，一世穿不烂；播上一季种，一代吃不完；春天布谷叫，夏天百花开；男儿笛声脆，姑娘弦声扬……"那是一个美丽富裕，自由自在的国度，是热恋中的青年向往的乐园，是爱情圆满的自由幸福的天国。为此，他们不惜以死相拼，双双殉情。

第二天和第三天的上午请神除秽、祭鬼献牲、诵经跳神、送鬼驱鬼等；第三天下午和第四天在野外送别亡灵和祭祀土主神。整个祭祀的过程十分复杂烦琐，但进行得井然有序，气氛森然。

在制作的众多木偶中，有一个是殉情者的木偶。他（她）被用白布包好后放在殉情者房中。在制作殉情者木偶时，东巴要吟唱很多安慰殉情者的经文，一方面安抚其灵魂，一方面为其指路归宿。

从第三天的下午，祭风仪式在野外举行。在村外的祭风场上，要将原设于殉情者家中的神坛、鬼寨和祭风树重新布置在这里。由于在野外，祭风树在阳光和微风中显得格外的华丽醒目。

祭风树为两棵，一为松树，一为白杨树，皆两丈高，相隔一丈安置。祭风树上有各种旗子、木牌画，有日月七星，有护法神等神物神像；两树之间横拴一根细麻绳，上面挂有殉情者生前喜用之物，如口弦、直笛、梳子、圆镜、香袋、烟锅等，还有各色彩纸衣、裤、裙等。

从第三天的下午，祭风仪式在野外举行。在村外的祭风场上，要将原设于殉情者家中的神坛、鬼寨和祭风树重新布置在这里。由于在野外，祭风树在阳光和微风中显得格外的华丽醒目。

在过去，一旦殉情者死后，亲属要请东巴来进行祭风仪式超度殉情者的亡灵。他们带着香烛和酒到大东巴家择定日子。日子一般选在冬春旱季。届时，用马将大东巴和若干小东巴及经书、神轴、神器等驮到殉情者家。祭祀活动分别在殉情者家中和野外祭风场举行，祭祀过程一般要进行四天。第一天是制作各种神器木偶、各种木牌画、设神坛鬼寨、立祭风树；

祭风树象征殉情者向往的理想乐园。在野外祭风场的这个祭祀是极其重要的，在这个时刻要将殉情者送到殉情者理想的"雪山十二欢乐坡"。当老东巴杀牲献祭，颂完《殉情鬼永别经》，就把殉情者木偶挂在拴有绳索（意为溜索，过江的桥梁）的两棵祭风树之间，地上挖一条水沟，横在两树之间，放上水象征江河。东巴用刀将木偶从绳索的这一头（代表人间）拨到另一头（代表阴间），然后砍断"溜索"，接着把溜索、木偶、殉情者房用火烧掉，表示分清了人鬼，分开了阴阳，殉情者从此就到达美丽的理想的"雪山十二欢乐坡"。

最后，东巴念《送鬼经》和《结尾经》，仪式结束。

《东巴经》道：

砍断殉情鬼溜索，

殉情客要到上方去。

大江大河已阻拦，

此岸彼岸成两地。

祭风，这种对非正常死亡者，特别是对殉情者亡灵的祭祀超度，是纳西族深厚的人文关怀在宗教文化中的表现。这种祭祀不见于其他民族，也许为纳西族所独有。

东巴艺术节

1999年10月16日，"'99中国丽江国际东巴文"神圣的创造"和"美丽的家园"三个篇章。演员众多，场面宏大，精彩的表演展示出纳西族东巴文化的深刻内涵，表现出人与自然和谐共处的迷人意境和丽江各族人民团结奋进的精神。

在这场表演中，有一个场面是纳西族的打歌。数百人排成两横排：前排是男的，后排是女的。男子裸上身，女子盛装：系包头、穿彩衣、着长裙。

"打歌"动作简单，两排人手挽手倾身迈步，挺身踏足，在低沉雄浑的哼唱轻喊声中从场子的这头整齐地走到另一头，但雄壮的气势，让所有观众为之倾倒。这种打歌极概括地体现了纳西族打歌艺术的特点，甚至是滇西北氐羌系民族打歌的特点，即踏足挺身，顶天立地的舞蹈风格。

滇西北的各民族大多从古代的氐羌族群演变而来，都有过"逐水草迁徙"的畜牧历史，直到今天，纳西族、藏族、彝族等的畜牧业仍是云南各民族中的佼佼者；都有过狩猎采集的历史，直到20世纪50年代初，狩猎采集仍在他们经济生活中占据重要地位；都

> "打歌"动作简单，两排人手挽手倾身迈步，挺身踏足，在低沉雄浑的哼唱轻喊声中从场子的这头整齐地走到另一头，但雄壮的气势，让所有观众为之倾倒。

化艺术节"在丽江举行。这次东巴文化艺术节是丽江纳西族历史上第一次由政府组织的规模巨大前所未有的盛会。

这是丽江纳西族地区从未有过的文化壮举。

东巴文化艺术节的开幕式在象山脚下的丽江体育场举行，演出了大型文艺节目《东巴魂》。这是一个大型的文艺团体表演，分为"生命的赞歌"、居住在半山区及高山区平坝，从事山地农业和畜牧业。历史和现状使得氐羌系各民族有着大体一致的民族性格特征，那就是勇武剽悍，豁达爽朗。因此，表现生命情调的舞蹈，洋溢着的就是阳刚健悍之美。"打歌"就是其中最有代表性的例子。

在滇西北，"打歌"又称"打跳"、"跳乐"、"跳歌"、"踏歌"、"叠脚"、"左脚

舞"、"跳锅庄"等等。"打歌"是氐羌系，即藏缅语族各民族共同的舞蹈，历史最悠久，普及面最广，影响也最大。因此，除了氐羌系民族外，其他系的民族也有"打歌"，但追根溯源，应源于氐羌系。

从民间传说中，可知"打歌"产生于各民族由北而南的迁徙途程中。纳西族的"哦热热"，传说就是在由北向南迁徙的过程中有吃人肉喝人血的魔鬼来吃死者，为了保护尸体，人们围火诅咒呼喊，驱鬼赶魔，同时寒夜难熬，人们踩脚跳跃，用以驱寒取暖，于是"打歌"诞生。类似的"打歌"起源传说，多不胜举，可知"打歌"历史悠久。

至今，在有的纳西族乡村，在"打歌"时无论男女都穿上羊皮褂。羊皮褂，以整羊皮制成，羊头皮、羊尾俱在，这是古老之俗，是典型的游牧民族的古老衣饰风格。"打歌"时穿羊皮褂，可见"打歌"历史古老，来历不凡，古风犹存，与氐羌系民族的迁徙历史息息相关。

而略有不同，称呼也各不相同，但"打歌"的基本动作是大体一致的，即舞步重在脚下功夫，有踏、蹉、跺、抬、踢、跳、转等，上身动作简单，随脚下步子左右摆动或前仰后合。无论围圈而舞，还是横排而舞，身体基本是呈上下运动，前倾后仰，用力跺脚，然后挺胸而立。

在丽江，纳西族的"阿丽哩"是一种普及广泛的"打歌"。这种打歌的基本动作是舞者手拉手围成一圈，随着歌声的节拍，倾身向左走三步，挺胸抬右脚，接着倾身向右走三步，挺胸抬左脚，无限反复。动作给人感到简单明快，挺胸抬足，力拔群山，很有气势。此外，纳西族的"哦热热"跳起来也是众人牵手，没有手部的解脱舞姿，仅是上身前倾后仰和双脚踏地跳跃，简单稚拙，但力量外露，呼声振天。

亲临这种力拔群山的舞蹈现场，令人深切地感受到，生命的韵律就是情感，它是在社会生活和社会发展中获得活力，情感越丰富，越需要表露，情

祭天仪式上的主祭东巴　▶

正是漫长曲折、艰难困苦的迁徙经历和历史给氐羌系各民族以刻骨铭心的记忆，这种苦难历程和深刻而切肤的记忆，可以说早已融入了各民族的血脉，铸进了各民族的心灵和灵魂深处。于是，表现这种生命之情的"打歌"就显得极为深沉、古老厚重，别具特色和风格。

氐羌系民族的"打歌"，尽管因居住地广泛

感越深沉，越需要交流。

到丽江的山野里走走，到丽江古城里走走，到古城纳西族人家中坐坐，你一定会感受到东巴文化的神秘和伟大。

"'99中国丽江国际东巴文化艺术节"的成功举办，将丽江古城、纳西族和东巴文化再一次地推向世界，推向一个更高层次的文化境界。

东巴艺术丰富多彩，其中尤以东巴文学、东巴画、东巴舞蹈最为著名和最有特色。

东巴文学记载于《东巴经》中，所记述的纳西族古代文学浩如烟海，其结构严谨，情节动人，想象大胆夸张，世所罕见。著名的史诗《崇般统》（创世记）、抒情长诗《鲁般鲁绕》（牧奴迁徙）和英雄史诗《东岩术岩》（黑白战争）就是三部典范作品，被赞誉为东巴文学三绝，是世界民族文学宝库中的灿烂明珠。

东巴画应源于东巴木牌画，东巴木牌画是以东巴教神祇为内容的绘画，是纳西族非常有特色的古老绘画艺术珍品。在纳西族东巴进行宗教祭祀活动时，要使用大量的木牌画。木牌画在松木

板上，用毛笔或竹笔蘸自制墨水绘成。绘制木牌画须照画谱。当然，大多数东巴是无须照谱的，他们就是东巴艺术家，从小就已将画谱熟透于心。在长期的历史发展过程中，纳西族东巴为祭祀活动绘制了大量的木牌画和纸牌画，可以说他们就是一代又一代的画艺精湛的东巴画家。

现代东巴书画是近年来以纳西族青年为主的一批画家，在汲取古老东巴象形文字和木牌画的基础上，以现代的思维观念和审美意识，用不同的绘画技法和材料画成，令世人耳目一新，既"印象"又"抽象"，既有神秘色彩，又具山野气息的独特绘画风格。近年来，现代东巴书画在北京以及美国、德国、法国、英

国、瑞士、韩国、新加坡等国展出，引起一浪高过一浪的"东巴书画艺术热"，东巴书画艺术正在成为中国及世界画坛的一个新的画派。

"东巴舞"是原始多神教的祭祀性舞蹈。东巴舞与纳西族宗教活动紧密关连，不可缺少。诸如驱杀魔鬼、招魂送魄、超度亡灵、占卜吉凶、祈求丰年、祝祷人畜安康等等都有东巴舞的表演。东巴舞，自古传袭，原始质朴，动作规范，舞姿刚健，丰富多彩。舞者大多手持刀、剑、鼓、铃等，随着沉重有力的鼓点，往往由缓而急，威严肃正，气氛热烈，有震撼人心的力量。

	2
1	3
	4

1. "辽巴磋"是融藏族、纳西歌舞于一体的独特舞蹈

2. 祭天仪式前，纳西人跳起轻快的打跳

3. 吟唱着的"小东巴"

4. 东巴艺术节

东巴经是纳西族的宗教文献，更是纳西族的百科全书。东巴经是用纳西族东巴象形文字写成的。东巴象形文字，是当今世界上唯一活着的象形文字，是目前世界上少有的比较完整和系统的古文字，对于研究人类文字发展、人类文化史具有很高的学术价值，因而在世界上享有盛名。国际学术界公认，古往今来，世界上以成千上万卷图画象形文字记录本民族千百年悠久历史和辉煌文化的，只有一个民族，那就是纳西族。纳西族的象形文字有1400多个图画文字，用这种象形文字写成的典籍《东巴经》中保留

了许多古语古词，可以从中看到古老象形文字的起源和发展的轨迹。《东巴经》所记述的的社会生活深厚博大，包罗万象。所记载的纳西族古代天文历法令人叹为观止。天象、时令和方位的象形字符，天干地支的应用，年月日时的推算，十二生肖的来历等都是极具科学性的。再就是所记载的历史、哲学、文化更是闪烁着纳西族先民智慧的思想光芒。

《东巴经》可称之为纳西族的百科全书。这种被称为"东巴经"的古籍，如今尚存2万多卷，分别收藏在中国和美、英、德、

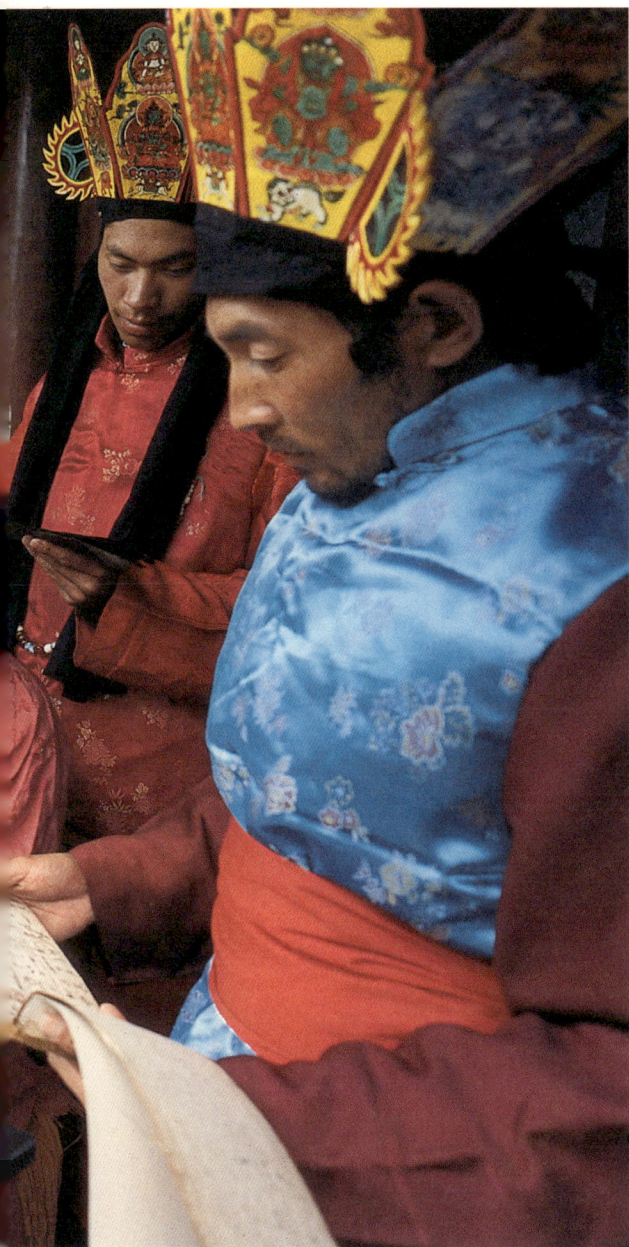

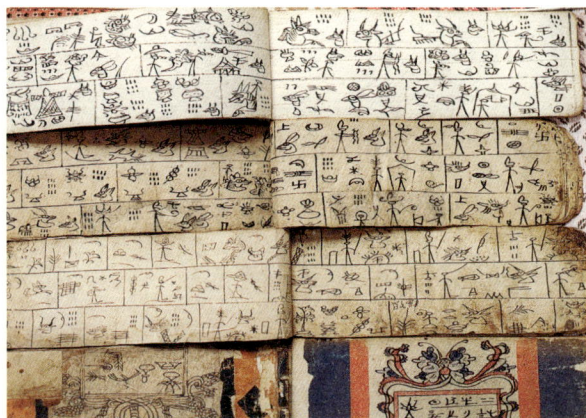

法、意大利、荷兰等国的图书馆和博物馆中，并一直为纳西族东巴祭师使用到现在，这是当今世界民族中是独一无二的文化现象。长期以来，世界文化界以收藏《东巴经》为荣，许多图书馆和博物馆将这种象形文字写成的《东巴经》视为"镇馆之宝"。如今，《东巴经》更是身价百倍，许多人到丽江就是为了一睹这种当今世界上唯一活着的象形文字。

1	2
	3

1. 老东巴在向年轻东巴讲述经文

2. 纳西族东巴象形文字

3. 抄写东巴经文

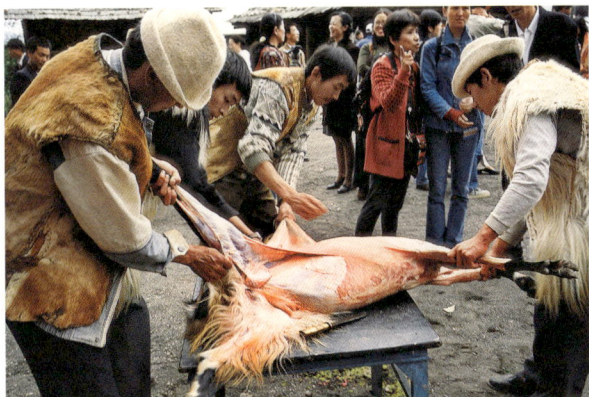

	2
1	3
	4

1. 东巴手擎火把跳"镇压忍鬼舞"

2. 祭祀仪式上要杀猪当祭牲

3. 参与祭风的众东巴在祭坛前集中祭神

4. 众东巴在仪式上咏诵东巴经

祭风是纳西族东巴教的重大仪式之一，是东巴文化中颇有特色的一个组成部分。祭风并不是祭祀大自然中的风，而是祭祀一种鬼，一种非正常死亡的风流游荡之鬼。

祭风起因于对非正常死亡者的祭祀。但是，随着社会的发展，特别是到了清代，祭风的主题发生了重大的变化。公元1723年，清政府在丽江实施"改土归流"政策，推行封建礼教和中原汉族的婚姻制度，纳西族原有的社交自由、婚姻自主的传统遭到冲击。在封建礼教、买办婚姻、包办婚姻的重压下，纳西族年轻人自由恋爱的情侣往往不能结为夫妻。纳西族对爱情的忠贞，举世罕见。有情人不能结合，毋宁死。在数百年中，丽江纳西族青年情侣的殉情，层出不穷，数量之多，不胜枚举，有人更是称丽江为"殉情之都"。殉情，成为了纳西族的一大社会问题，为此，东巴教的祭风仪式也从传统的对非正常死亡者的祭祀，演变成为大规模超度殉情者亡灵的宗教仪式。

当然，随着社会的文明进步，纳西族的的殉情已然消失，祭风仪式也随之消失，如今所见到者，往往具有表演的性质。

祭天是丽江东巴教传统祭仪中最为隆重的一种祭祀活动。祭天，纳西语叫做"美毕"，"美"是天的意思，"毕"是祭。祭天一般每年春秋进行两次。春祭一般在正月，称为大祭天；秋祭在农历七月，称为小祭天。祭天有专门的地点，称为祭天场，被视为神圣之地。祭天场设在靠山的树木葱茏的风景优美之地。

祭天活动主要有：由东巴念祭天经、做米酒、修祭天场栅栏、选备祭天树、春祭天米、立祭天树、除秽、点香、献酒、射箭镇鬼、杀猪鸡献血、献牲、献食、用母鸡复祭等。祭天期间禁忌有：不能在祭天场说汉话，祭天猪的骨头啃后要焚烧而不能喂狗，祭天群成员间不能吵架、不能吃狗肉、马肉及飞禽肉。

在祭天的过程中，老东巴要吟唱卷帙浩繁的东巴经，特别要吟唱《崇般突》，这是一部《创世记》，是描绘世间万物起源和纳西族始祖迁徙创业的经典，是纳西族的圣经。在祭天的特殊情况和氛围中，老东巴的吟唱有感天动地的力量，使所有在场的人，无论是当地人还是外地人的心灵都被深深地震动。当然，对于纳西族的男女老少来说，在这个神圣的活动中，重温历史，回顾祖先所走过的道路，无疑是本民族传统美德和传统文化的教育，更是纳西族传统文化的一次传承。年复一年，世世代代，长行不衰的祭天大典，使纳西族人的向心力和凝聚力代代加强，紧紧地团结在一起。

| 1 | 2 |
| | 3 |

1. 老东巴们在布置祭天坛

2. 主祭祀东巴和助手用祭品向天神供献

3. 在祭天场举行"射箭杀敌"仪式以缅怀祖先

第 *4* 章　繁华之城

　　任何一个进入丽江古城的人，都会感受到扑面而来的强烈的商业气息，那林立的装饰得各有特色的店铺，琳琅满目的令人眼花缭乱的商品，以及熙熙攘攘的人群，无不展示着这座古城的商业能量。

　　古城商业化倾向是人们最关注的，也是遭到批评最多的。其实，丽江古城历史上就一直是商业化的古城。它从原始露天集市演变而来，数百年来的商业传统，早已使之形成为一个具有专业化特点的商业城市。古城的另一特征，就是从初建起就走向多元文化格局。

古城商业发展轨迹

在历史上，丽江古城从一开始就是具有商业化色彩的。

古城所在地最初的名字叫做"公本支"。"公"是仓库，"本"是村寨，"支"是集市。"公本支"即是有仓库有集市的村寨。又叫"依古支"，意为金沙江江湾中的集市。元代，"公本支"开始向城镇化发展；到明代，木氏土司大兴土木，扩大城区，同时采取移民进城的措施，动员白沙街、罗波城、束河街的手工业匠人、商人入城居住，同时邀请外地的各种手艺人、商人等到古城定居，木氏土司给予优惠待遇，沿中河和西河划拨宅基地，这一地带就成为各种专业的手工业街。明初，丽江古城实际上已形成滇西北的手工业城和商业城了，有许多街道都是专业街。四方街是古城的中心，这是一块一千多平方米的露天摊集市场。从街头到街尾是一排一排的蔬菜摊、食品摊、卖布摊、日杂百货摊、簸箕摊、专钉丽江大皮鞋的"钉

而从桥南进入四方街的一段街巷是丽江束河人专门出售毛皮、鞋类、麻线制品的场所；在四方街尾有"卖草鞋巷"，由白族妇女自编自卖；在古城中还有"卖猪巷"、"卖柴巷"等等。

丽江古城很早就是云南通往西藏的"茶马古道"的重要贸易中转地，是滇西北最重要的交通要道和集市，来此做生意的外地人很多，因而形成了专供大理商人居住做生意的"见洛过"，意为"大理巷"、专供藏族商人居住做生意的"堆店"。藏族商人到丽江做生意的很多，藏商马帮驮来大宗的毛皮山货药材腊肉腊油等商品，换回茶叶蔗糖粉丝铜器大皮鞋等商品。藏商在丽江古城的贸易大大刺激了古城的铜器业、毛皮制品业、粉丝等食品业作坊的迅猛发展。此外，马帮频繁来往于古城，则在古城双石桥一带形成了专门的"卖草料市场"。

第二次世界大战时，丽江古城的商业得到较大的发展。由于当时东南沿海通往国外的商贸通道及滇越铁路、滇缅公路通道均被阻绝，滇西北的"茶

四方街是古城的中心，这是一块一千多平方米的露天摊集市场。从街头到街尾是一排一排的蔬菜摊、食品摊、卖布摊、日杂百货摊、簸箕摊、专钉丽江大皮鞋的"钉钉摊"；在四方街的中心是屠户行，占着一段摊位。据说，操刀砍肉卖肉的都是纳西族妇女，当时是丽江的一大奇观。

钉摊"；在四方街的中心是屠户行，占着一段摊位。据说，操刀砍肉卖肉的都是纳西族妇女，当时是丽江的一大奇观。四方街尾拐向东北的大石桥，原称为"菩起笮"意思是"卖麻布桥"，丽江宝山人专门在此桥上卖麻布；在四方街街头北侧有一座石拱桥，桥北称为"卖鸡豌豆桥"，专卖丽江特产鸡豌豆；桥南称为"卖鸭蛋桥"，专门卖鸭蛋；

马古道"成为中国唯一的对外交通线。"茶马古道"突然兴旺了起来，丽江古城成为内地至拉萨再至印度的商贸中转站。当时的丽江城内商号达1200多个，中央银行等8家银行在古城设金融机构，一时间丽江成为古道上最大的商贸重镇。当时，昆明、大理的许多巨商大贾常住古城，生意做得又大又红火，并有许多巨商在此建盖深宅大院，丽江古城的

规模就是形成于这个时期。这一时期，丽江古城商业化达到了一个高峰。

所以，丽江古城自古就是一个商业化的城市。由于解放后新城的建成，政治经济中心的转移，古城曾经一度冷淡过。如今，随着古城突然升腾的知名度和旅游业的大发展，丽江古城的商业化开始恢复，出现了惊人的发展态势。但是，据调查，如今的商业化情形比起二次大战时，还差得太遥远。现在，古城只有三分之一的地方，即仅是四方街一带地方商业化得到了恢复，生意兴隆，游人如织。古城的其他地方则还显得冷冷清清，游人罕至。

但是，今天丽江古城的商业化与古城过去的商业化是完全不同的，它加入了新兴的现代化的产业——旅游业。而且，今天的丽江古城与过去的丽江古城的声望不同，过去的古城是滇西北深山中"茶马古道"上的"重镇"，但几乎鲜为外界人所知。而今天的古城是"世界文化遗产"，具有全球的知名度，是旅游的"圣地"。在当今这个世界

5000个，总床位1.4万个。餐位数1.2万个，专业旅游车240辆，3600个座位，出租车1000多辆，旅行社15家，导游900多人，旅游从业人员7500人。旅游业已经成为丽江经济的支柱，古城也从过去"茶马古道"上的商贸重镇变成了"旅游胜地"，古城商业也随之而起。

紧靠大石桥旁的一家称为"布农铃"的工艺品店，经营的只是一种小铃铛，但销路很好，很有名气。

天气晴朗，和风习习，我们来到了大石桥"布农铃"工艺品店。小店门面装饰简单，仅在古朴的门窗上挂了许多小铃铛，但给人感到很有特色，极有艺术品位。我想店主一定是个从事过艺术的人。进得门来，主人热情地接待我们。

店主果然是一位艺术家。他名叫布农，38岁，四川内江人，画家。他的工艺品店有上下两层，摆放的都是大小铃铛和一些工艺品，布置得古色古香，同时具有山野气息。他告诉我们他的这个小店

古城里的各种小商铺是游客们必逛的 ▶

上，凡已知道"丽江古城"的人都希望到此一游。

旅游业和商业火爆兴起

目前，在丽江古城这个旅游"黄金宝地"，每年有260万人次到此一游，旅游收入达15亿元。截至1999年底，丽江拥有各类宾馆、酒店65家，标准床位8500个，旅社、招待所、家庭客栈219家，床位

每年收入40多万元，他的工艺品"布农铃"是由当地老百姓的作坊提供铃铛，他自己将画画在小木板上，然后用麻线将二者串在一起就成，非常简单。但是，这种土洋结合的特殊艺术品，很有魅力，十分地畅销。

"布农铃"的起源十分偶然，1995年，他由四川经云南德钦进西藏写生，与两个藏族同胞同路，

两个多月的行程，三人三马，一路十分寂寞，只有马脖子上的铃铛在不停地响，给寂静的高原一点生气。在最艰苦的梅里雪山和澜沧江峡谷，他捡到了一块小木片，在上面画了一幅画，将马脖子上的铃铛拴上，然后挂在自己的脖子上。这样，他觉得仿佛再也不寂寞了。

1998年，布农来到丽江，在白沙乡画画，后搬到古城大石桥租了这间房子居住。当时丽江政府说要将大石桥附近街道搞成一个洋人街，所有的铺面都得打开经商。他只好打开铺面卖丽江纳西族土布，生意十分清淡。但是，他挂在门上的画有木牌画的铃铛，游客十分喜欢，挂一个卖一个。于是，他就放弃卖纳西族土布，大量生产起这种铃铛出售，生意果然不错。看到他的生意兴旺，有很多人就开始模仿他的铃铛。然而，有先见之明的布农早已申请了专利，以他的名字命名了铃铛，他要将"布农铃"做成一个真正的艺术品牌，一个长销不衰的工艺商品。

在古城最繁华的地带，彩灯闪烁，与古色古香、民风淳朴的古城极不协调；特别是原来在云南边境瑞丽等地从事玉石珠宝生意的商人大量地拥入古城，使得古城最重要最热闹的几条街，几乎都成了玉石街。

这种情形引起了当地居民、中外专家学者，甚至旅游者的不满，强烈要求将这些与古城风貌极不协调的东西搬迁出古城，恢复古城幽雅宁静柔和的气氛。

其实，早在1996年，当地政府就规定，不许卡拉OK厅、洗脚城、歌舞厅等进入古城。

2000年8月，丽江县人民政府下令，将260多家珠宝玉石店搬迁到城边市场。

珠宝玉石商人们谁也不愿意搬迁，他们宁愿改做其他生意。因为他们清楚，只有这个正在越来越发热发烫的古城，才是他们迅速发财的风水宝地。如今，在古城的玉石商人们有的迁回瑞丽，有的从事其他行业，有的变成了工艺美术商经营各种各样

◀"布农铃"在丽江是很受欢迎的纪念品

在丽江古城，像布农这样的画家、艺术家、手工艺人，很快发达起来的大有人在，而商人、小贩、开旅店、开饭馆而发财致富的更是多得不计其数。由于丽江古城的名气大增，旅游业迅速升温，大量的商人蜂拥而来，高价租用古城居民的临街住房从事经营。过去古城中从未有过的、现代城市里也才兴起的洗发店、洗脚店、卡拉OK歌厅，分布

的工艺品，有的变成了工艺美术家，制造和出售他们的"作品"。

在古城最繁华的街道之一，几年前差不多是珠宝一条街的新义街，我们采访过去的珠宝商许本森。他说他是瑞丽人，24岁，汉族。他告诉我们，1999年5月，仅从瑞丽就过来了200多家做玉石生意的。他是2000年1月才来古城从事玉石生意的，当时

生意十分地好，他只恨自己来晚了。"当年8月，政府不让在古城里做玉石生意，叫我们搬到菜市场，当时大家很有意见，都不去。我也没有去，那地方根本做不成生意，特别是玉石生意。本来我想回瑞丽去，但是我已经交了一年的房租（每月1200元）。我想，到年底满一年后再决定去向，有可能回家，有可能在古城继续呆下去。在这段时间，我转产做工艺品装饰品生意，自己生产工艺品和装饰品，如纳西族的木牌画、木珠、石珠项链、木手镯；骨头、石头、塑料挂饰等。纳西族的工艺品装饰品十分容易做，随便看看别家的就能做出来。古城的游客多，什么东西都能卖出去。"

他说得一点不错，就在几分钟内，他就卖出去好几件装饰品，而且价格不低，指甲壳大的一颗小石头穿了一根红线（挂饰）就是10元钱。

但是，尽管玉石珠宝商人不做玉石珠宝生意了，大多已改做其他生意，但是当地的人们依然十分不满，认为他们生产销售的大多是伪劣商品，特

眼睛炯炯有神。

他一边雕刻纳西族东巴画木刻牌，一边回答我们的问话，他说："现在在古城的外地商人太多了，他们做其他生意大概可以，但是做我们纳西族的艺术品，他们不行。因为他们不懂。不懂装懂，为了钱就必然乱来，破坏了我们纳西族的艺术和艺术的声誉。现在，在古城里，假如一条街上有10家工艺品店，其中8家一定是外地人的，本地人的仅有两家。外地人有钱，他们出高价租地段好的铺子，生意就好。但是，他们搞的纳西族东巴艺术是假的。"

看到他一丝不苟，一刀接一刀地雕着，我们问："那么，你的工艺品与外地人的有什么不同？"和建昆抬起头来，严肃认真地说："我的是正宗的纳西族艺术品。干这个活需要雕刻技术，更需要心中有深刻的纳西族东巴文化的内容，这是一种独特的世世代代相传的文化。就说我家，原来住在农村，我爷爷是当地纳西族东

"干这个活需要雕刻技术，更需要心中有深刻的纳西族东巴文化的内容，这是一种独特的世世代代相传的文化。"

别是纳西族的工艺品和装饰品，几乎完全是伪劣的假的艺术品。

在新义街百岁坊2号，我们访问了纳西族工艺品店"艺者根据地"，店主是纳西族青年和建昆，23岁。他的工艺品店仅有10平方米，但很有纳西族古朴生动的特色。而且他本人也很有纳西族人的特点，个子高大，面色黑红，轮廓分明，一双深深的

巴文化活动的主持人，对东巴文化有着深刻的理解。我爸爸跟爷爷学习东巴艺术，他又教我和我弟弟搞东巴雕刻。而且，在我上初中一年级时就一边上学一边学习雕刻。初中毕业后，我到县政府主办的'黑龙潭东巴学校'学习纳西族东巴象形文字。外地人根本不懂东巴文化，不懂东巴文字，他们卖给客人的东西根本不是纳西族东巴文

化的，他们用所谓'东巴象形文字'将客人的名字刻在木牌上卖给客人，客人还欢天喜地，实际上那根本不是东巴字，什么意思也没有，只是一些乱七八糟的线条，是乱整，是骗人的。东巴象形文字是活的象形文字，它非常严格，意义明确得很。但是我发觉真的东西竞争不赢假的东西，我对这种以假乱真的现象十分痛心和反感。"

我们听得暗暗吃惊，纳西族东巴象形文字是目前世界上唯一还在使用的活的象形文字，它的内涵十分丰富，看样子这个纳西族小伙子还真有两下子。看到我们赞赏的目光，他又十分动情地说："现在，有很多纳西族青年在学习东巴艺术，有的学绘画，有的学书法，有的像我一样学习雕刻。另外，还有很多其他民族，甚至外国人也来古城学习我们纳西族的东巴艺术，说明我们的艺术很有生命力，很有价值。我生为一个丽江纳西族人，我对我们民族的艺术非常钟爱和执著。我现在仍然是边干边学，我希望今后随着丽江旅游的发展，结合我们

城人的生活，了解古城的美，了解纳西族文化；让人们更加喜欢他们的东巴艺术品。他们知道，他们的艺术品很有价值，很值钱。

2000年底，古城中各类门店有436个，其中，本地人经营的占51%。

几乎所有在古城从事商业的人，无论是外地人还是本地人，都认为古城的生意十分好做，都在心中怀着一个梦想，希望把自己的生意做大。连曾经一心只想从事艺术的画家布农，在他的艺术进入古城这个越来越热的市场获得成功后，他就曾经建议政府，把古城的每一条街搞成专业街，比如织布街、皮匠街、工艺品街等等。恢复和建立"专业街"，实际上一直是包括专家学者在内的许多人的共同呼声。当然，也有反对者，认为不能使这个历史文化的古城走向商业化。

恢复建立"专业街"及其他

古城商业化是必然的趋势。只是必须将商业规

恢复和建立"专业街"，实际上一直是包括专家学者在内的许多人的共同呼声。当然，也有反对者，认为不能使这个历史文化的古城走向商业化。

当地的文化，把艺术品做得更好，将纳西族东巴艺术发扬出去。不要让来旅游的人买到假的东巴艺术品，买到没有纳西族文化的东西。更不能让其他民族的人和外国人学到假的艺术。"

古城人对古城有着特殊的爱，他们朴实无华，善良诚实，不希望有人败坏他们自古以来一直保有的良好声誉。他们要让更多的人了解古城，了解古

范化，如进行民族商业手工业专业化，恢复形成专业街。这就保有和发扬了古城固有的民族商业文化。

在木氏土司时代，丽江古城中就已经在一定程度上形成了专业街。如前所述，沿中河和西河两岸就曾经是本地白沙、束河的工匠经营的打铜街，每家每户都是前店后坊的铜器店；四方街的一段街巷是丽江束河人专门出售毛皮、鞋类、麻线制品的

场所；在四方街尾有"卖草鞋巷"，由白族妇女自编自卖；在古城中还有"卖猪巷"、"卖柴巷"、"卖米巷"等等。

但是，社会的几度变迁，这些手工业、商业的专业街巷渐渐冷落，大多只留下了原来的名称。

如今，随着丽江纳西族传统文化价值的提升和人们对古城传统生活的日益重视，各方面人士，甚至政府官员开始认识到恢复和建立手工业、商业专业街的重要，有关学者和有关部门也开始就此进行研究和提出建议。

总的意见是，一，恢复古城历史上"划行归市"的传统，恢复原来就已形成的诸如打铜街、皮匠街等专业街巷；恢复建立纳西族传统食品街，除了保持窨酒、凉粉、丽江粑粑、酥油茶、"八大碗"、"三滴水"等传统食品外，要恢复历史上的一些菜肴、食品；恢复建立民族纺织产品街，专门生产销售纳西族女装、童装、牛肋巴、氆氇、蜡染东巴画布、东巴挂毯等。二、要建立新的专业街。因为随着商品

观音会、演出洞经音乐和接送宾客、官员的"接风楼"；恢复古桥梁；恢复古牌坊、古碑刻；恢复古井，甚至恢复古城的历史街名，因为像五一街、七一街、八一巷等现代街名与古城古街实不相称，应恢复成原来的黄山街、翠文街、崇仁街、兴仁街、书院街等。据说，恢复古城的历史街名，已经由丽江有关部门正在实施。

然而，在丽江古城，需要恢复和建立的东西还很多，例如有人提出恢复古城祭天礼仪；恢复保护水源、环境的东巴祭仪；恢复正月龙灯会。建立古城社区民俗博物馆；建立古城研究会；建立古城名人故居博物馆；建立纳西古乐研究会等等。

很显然，在丽江古城，真正需要恢复建立的不是在商业方面，而是在文化方面。在我们的整个采访过程中，古城商业化倾向和文化多样性倾向是人们最关注的，也是遭到批评最多的。其实，丽江古城历史上就一直是商业化和文化多样性的古城。

只是必须将商业化规范化，如进行民族商业手工

丽江粑粑深受游客喜爱 ▶

经济的发展，新的具有民族特色的商品正在越来越多地被开发出来。

当然，在提出恢复建立手工业、商业的专业街的同时，专家学者们还提出要恢复古城原来的文化场景和文化遗址。如恢复和重建原来的文庙、武庙、雪山书院、文昌宫、魁星阁、东岳庙、城隍庙、喜祇庙、毗卢阁、基督教堂等；恢复原来举办三元会、

业专业化，恢复形成专业街。这就保有和发扬了古城固有的民族商业文化。而古城的文化多样性也应规范化，迁入古城的外地人必须尊重当地纳西族的风俗、文化、语言等。为了长久的定居经商和发展，外地人自然会学习当地纳西族的文化。这样，古城以纳西族为主体的民族文化将得到较好的保护和发扬。同时，外来文化也将被当地文化所吸纳而得到承认和发展。

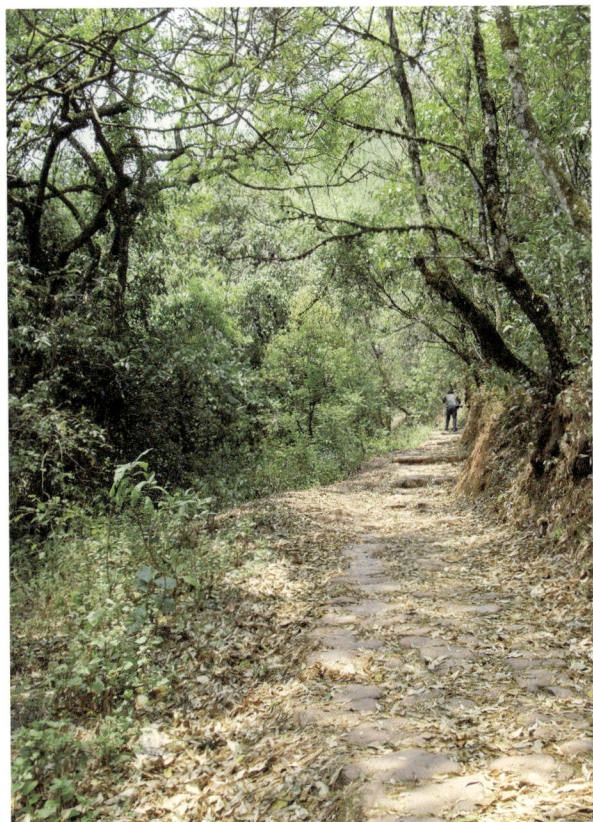

	2
1	3
	4

1.弯弯曲曲盘桓山间的茶马道

2.滇南普洱茶故乡的茶马古道

3.山路上行走的马帮

4.丽江城里的马帮

"茶马古道"，顾名思义，就是由茶、马交易而得名的古代商路。这条古道在很早的古代就已著名，是古老的中国西南丝绸之路的一个重要路段，亦称滇藏古道。"茶马古道"南起滇南澜沧江流域的普洱（普洱茶闻名世界，但是普洱并不产茶，仅是滇南茶的集散地）、昆明、楚雄、大理、丽江——丽江是这条古道上最重要的中转站、商品集散地和藏区分界地，从这里往北就进入藏区的香格里拉、德钦，接着进入西藏的邦达，在邦达分两条路通往印度等地。

茶马古道上的运载工具是"马帮"。"马帮"，在中国西南的崇山峻岭中存在了数千年，它是西南人重要的交通工具，在漫长的历史岁月中，在"茶马古道"上专门从事滇藏贸易的马帮，大多具有专业的性质。这些马帮在云南与西藏间，长途跋涉，行程数千里，生活艰苦异常。

1938年，滇缅公路修通。滇缅公路昆明至大理段基本上是沿着"茶马古道"南路修筑的。

1950年，由滇缅公路大理站向北延伸的滇藏公路大理至丽江段修通，此后滇藏公路全线修通。滇藏公路基本上就是沿着"茶马古道"北路修筑的。这时，"茶马古道"变成了滇藏公路，现代化的交通工具逐步代替了古老的马帮。整个50年代，云南公路和公路网得到了大发展，马帮开始急剧地衰落了下来。20世纪末期云南的高速公路从昆明向四方延伸，同期昆明至丽江航线开通，"茶马古道"南路被高速公路和航空线代替。

据史料记载，明初，丽江古城实际上已形成滇西北的手工业城和商业城了，有许多街道都是专业街。四方街是古城的中心，这是一块近一千平方米的露天摊集市场。从街头到街尾是一排一排的蔬菜摊、食品摊、卖布摊、日杂百货摊、簸箕摊、专钉丽江大皮鞋的"钉钉摊"；在四方街的中心则是屠户行，"藏客"是纳西族商人的专称，他们自养马帮、雇赶马人，专门做滇藏生意。

藏客组织马帮在"茶马古道"的北路，即丽江至拉萨间，一年一次，夏去冬回，进藏的时候马帮驮运砖茶、糖及土杂日用品，回丽江时运回西藏的氆氇、毯褥、皮毛、山货药材等。到了春天，藏客南下思茅购茶，从丽江往南路走的马帮，一般使用"硬驮"，就是马背上的货架，所驮货物主要是皮毛、山货、盐巴。"茶马古道"南路相对平缓，气候温和。藏客走南路十分十分潇

洒自在，一路放歌，一路走马。回来时，人壮马肥，精神饱满，意气风发。五月又开始进发西藏。这是一种由来已久、较为古朴的纳西族对西藏的贸易方式。藏客的这种滇藏贸易平稳有利，有盈无亏，因此长做不衰。

1	2
	3

1. "藏客"的马帮队伍

2. 在四方街出售的铜器很多会卖到西藏

3. 当地居民出售土特产雪莲

```
1   3
2
```

1.放河灯

2.丽江古城夜景

3.成串的红灯笼是古城夜晚一道风景线

晚风习习，分外凉爽，丽江古城的夜晚分外美丽妖娆。

人满为患的四方街广场上排列着古董、珠宝、铜铁器、民族工艺品、民族挎包、布匹、衣服、毛皮制品、地方小吃等等的摊铺，各种各样的物品在彩色的灯光下令人眩目。从四方街放射出去的各条街道都有河流相伴，古玩店、民族工艺店、民族饮食店、饭馆、客栈、西餐馆、纳西古乐馆等一家接着一家，灯火通明，人流如织。

街道边河岸旁的饮食店装修别致，情调浪漫，很多游人往往长久驻足于此，坐在反射星空和灯火的小河边，喝着丽江的雪山茶，望着来自天南海北的游子和穿着纳西族服装的当地人，心中说不出的惬意。

在河边饮茶时，心里有一种说不出的舒服的感觉。仿佛回到了遥远的古代，又仿佛到了江南如诗如画的水乡，令人产生思古之幽情。在一个大雪山的脚下有这么一个古城，真是太奇异太难得了。许许多多的人都感到，在古城中最令人难忘的就是夜晚在古城河边喝茶、喝啤酒，都认为是人生的一大享受，美极了！

丽江古城的夜景，又古朴又华丽，可以说举世无双。

四方街是古城的中心地带，它是一个石板铺成的不大的方形广场，四周是古老的店铺，古城各条街道都通到这里，北有东大街，东有五一街、七一街，南有光义街。从古到今它都是古城的中心集市，商贾云集之地。广场上排列着古董、珠宝、铜铁器、民族工艺品、民族挎包、布匹、衣服、毛皮制品、地方小吃等等的摊铺，各种各样的物品令人眩目。从四方街放射出去的各条街道都有河流相伴，古玩店、民族工艺店、民族饮食店、饭馆、客栈、西餐馆、纳西古乐馆等一家接着一家，白天生意兴隆，人满为患，夜晚灯火通明，人流如织。

以四方街为中心，延伸而出的5条街道中分布交叉着30多条街和主干巷道，数百条小巷道。它们回环连贯，曲径通幽。

1.俯瞰古城四方街

2.90年代四方街上的集市

3.四方街两边的餐馆吸引着游客们

4.工艺品小店

第 **5** 章 文化之城

　　每当夕阳西下，古城四方街上的售货摊点陆续撤去，三五成群的纳西族人就集聚而来，开始"打歌"。它们手拉手，围成圈，随着笛声或歌声，自由潇洒地跳了起来，越跳人越多，最后整个四方街就成了歌舞的海洋。人们陶醉其中，尽情地欢乐。这是一种古老的传统，据说已经沿续了近千年。随着丽江旅游业的兴起，古城四方街打歌成为古城观光的一道风景，旅游者可以参与其中，拉手打歌，随声呼喊，体会和分享古城纳西族的传统文化。

纳西族是善于将他人的长处变为自己长处的民族，他们善于吸收其他民族的文化、智慧、技能，融入自己的文化，于是，源远流长的纳西族文化，变得丰厚博大。丽江古城的文化更是你中有我，我中有他，异常地丰富多彩，多元相交。

多元文化格局的形成

传统的纳西族文化是在长期的社会历史发展过程中形成的，它的集大成者或最辉煌的亮点就是东巴文化。用纳西族人的话来说：我们的文化，就是祭天的文化。

这种文化之所以具有强大的生命力，就是因为它在发展过程中不断地吸收其他民族的文化，同时又努力地保持自己的文化精髓。

相传，丽江木氏土司的祖先是一位神童，7岁就识东巴象形文字，还识鸟语，长大后他通晓藏文和汉文，规范了东巴文字，创制了一字一音的符号化的东巴文字。有如此才能和辉煌成绩的人自然是众望所归

氏羌系各民族文化交错，相互吸收，你中有我，我中有你，早成传统。但是，真正主动、正式地吸收学习汉文化等外来民族文化，则始于元代。

公元1253年忽必烈南征云南，木氏土司的祖先助战有功封为地方官。忽必烈还封玉龙雪山为"大圣雪石定国安邦景帝"。为了使自己的统治地位得以巩固和代代世袭，木氏土司采取了紧跟中央王朝，学习吸收中原文化的政策。

在丽江境内有藏传佛教的七大喇嘛寺，喇嘛教的传入，受到纳西族人的欢迎和广泛的信仰。宾川的鸡足山被藏族人视为神山，每年都有许多藏民到鸡足山朝拜。按传统和规矩，去鸡足山朝拜以前，首先要到丽江文峰寺借"钥匙"（一种礼仪），然后才能到鸡足山朝拜，朝拜回来，也要到文峰寺还钥匙。以喇嘛教为媒介，一方面促使笃信喇嘛教的藏族商人和朝拜者大量来丽江。另一方面，喇嘛教的传播和被吸收，丰富了纳西族的文化。在古城，在丽江就有不少纳西族人信仰喇嘛教。

这个故事的寓意很明显，即从很早的时候起，纳西族就创造了本民族的东巴文化，同时也吸收其他民族的文化，"隐居山林"就是明显的道教思想。也就是说，纳西族文化在很早的时候起，就已经开始走向多元文化格局。

的尊主，后来他隐居山林。这个故事的寓意很明显，即从很早的时候起，纳西族就创造了本民族的东巴文化，同时也吸收其他民族的文化，"隐居山林"就是明显的道教思想。也就是说，纳西族文化在很早的时候起，就已经开始走向多元文化格局。

纳西族吸收其他民族的文化是自自然然的事情。自古以来，滇西北就是氏羌族群迁徙流转之地，

佛教的传入和被吸收不仅丰富了东巴教，而且也改变了东巴教的一些陈规，如东巴教就把原来祭祀活动时大量杀牲献祭的方式改变成了用替身和放生的方式。再就是，东巴祭师原来戴的是老鹰毛帽，或鹰翅帽，受到佛教的影响改戴五佛冠，这是神佛的具象。另外，在东巴舞蹈中有花舞和灯舞，也是从佛教舞蹈中移植过来的。

从外地传入的宗教文化，长期以来深深地影响着当地的人民和当地的文化。

当然，丽江纳西族所接纳吸收的绝不仅仅是宗教文化。

在丽江古城的形成和建设过程中，就有大量的汉族、白族工匠来到丽江，他们带来了先进的建筑工艺和外地的民居格局和建筑文化。正如我们现在所知道的古城的建筑，就是纳西族建筑风格与汉族风格、白族风格甚至藏族风格的结合。既有当地临河的纳西族平房，白族、汉族的三坊一照壁、四合五天井、走马转角楼，也有江南水乡的园林花园建筑。桥梁建筑也是既有纳西族的栗木桥（与石头同寿），也有汉族石桥（请汉族匠人建造的）。牌坊建筑更是形为汉族文化，意为纳西族文化。以牌坊建筑鼓励汉文化的推广，中了进士立牌坊表彰。

公元1275年，元朝在云南建立行省，结束了地方政权分裂的局面。在云南建造孔庙，创庙学，购

司还用重金和其他优惠待遇从内地聘请教师、医生等汉族文化人到丽江传授汉文化，使得丽江人才辈出，中举者代不乏人，至今传为佳话。

木氏土司为了使自己的子弟习汉文，读儒书，不惜重金从内地聘请文人学士做家庭教师；为了应取功名，还将子弟送往大理、鹤庆入学，应试。《明史·云南土司传》记载："云南诸土官知诗书，好礼守义，以丽江木氏为首。"由此可见，丽江纳西族地区接受学习吸收汉文化等外来文化，与木氏土司的身体力行，积极推行是分不开的。

数百年来的积累，丽江纳西族东巴文化得到了巨大的丰富和发展，丽江古城的文化则形成了多元一体的文化格局。以至于在古城的文化生活中，棋琴书画，吹拉弹唱，长期蔚然成风。

当地人告诉我们，在丽江古城，男人们做生意是出远门，也就是做"藏客"，这是男子汉的事业。而在古城内做生意的绝大多数是纳西族妇女，为了与藏族商人做生意，她们学会了藏语，为了与

> 木氏土司为了使自己的子弟习汉文，读儒书，不惜重金从内地聘请文人学士做家庭教师；为了应取功名，还将子弟送往大理、鹤庆入学，应试。

经史，授学田，在大理等地设儒学提举，还先后在路、府设立学校。公元1416年，明王朝又在丽江所属的通安、宝山、巨津、兰州等地设立学校，积极发展教育，传播汉文化。

对此，木氏土司积极响应，他习汉文、学汉俗。相传，他的老师就是一位内地聘请来的姓张的道士。在向丽江地区推广汉文化的过程中，木氏土

白族商人做生意，她们学会了白语。汉语更是古城做生意不可缺少的语言，从四面八方到古城的人很多，特别是永胜的马帮天天来赶古城的四方街，他们卖米、草席子、鸭蛋、生姜、蔗糖、土碱、花生等杂货，为了与永胜汉族商人打交道，纳西族妇女学会了汉语。今天，生活在古城的老妇女们仍然还能说汉语，只是在她们的汉语中夹杂着许多藏族

话、白族话和古城的纳西族话。由于在文化多样汇集、文化交流频繁的古城生活，耳濡目染，自然而然，连自身都成了一个文化的多元体。

丽江古城的这种多元文化格局是以纳西族文化为主，努力吸收各民族文化而形成的，因此它显得博大精深，丰富多彩，富于生命力。

新兴文化风景线

新华街是一条古街，它沿着入城的玉河由北而南通往四方街。河水清澈，两岸垂柳，拱形的石桥，古老的民居，一派悠闲自适的风度。如今，新华街应该算是古城中最洋气的街道了。河两岸街道旁的古老建筑，其门面铺面都被现代艺术装饰得十分醒目和诱人。一家接一家的酒吧、水吧、咖啡店，诸如新纽约、CC咖啡、樱花等，古老的街道一下子具有了强烈的异国情调。当地人称它为"洋人街"。

"洋人街"的樱花屋，是一家后现代艺术装饰

"老外"。

用牟鑫自己的话来说，他是一个"寻找感觉的店主"。

牟鑫会日本语，喜欢游山玩水，追求自由自在。1996年，他从老家游山玩水到云南大理，遇见了来大理旅游的韩国姑娘金，两人用日语交谈，很快情投意合，相约明年此时大理再见。次年，二人相会大理古城，然后北上丽江古城，觉得丽江之美更甚大理。特别是古城新华街的小河流水，清清静静，更让他一见钟情，流连忘返。如果在这似乎被人遗忘的古色古香的小街上开一个具有现代气息的酒吧，将会别有一番风情，这个小街将会更美。于是，他和他的韩国女友决定在安静的小街上开上一间小餐馆，取名"樱花屋"。之所以如此命名，是因为樱花是日本国花，日本语使他和韩国女子结为伉俪。

樱花屋一开始就生意兴旺，后现代艺术的装饰十分引人注目，吸引了大批的游客。牟鑫这个游

◀ 和建昆正在制作木牌画

的"餐吧"，卖中西餐和冷热饮，生意非常好，主要是"老外"，特别是日本、韩国的客人来就餐。樱花屋老板叫做牟鑫，男，汉族，29岁，湖北宜昌人，娶妻金氏，韩国人。

牟鑫中等个子，黑瘦脸，穿着一身牛仔服，脚蹬一双丽江大皮鞋，头戴藏族洋毡帽，像美国西部枪手一样将帽檐高高翘起，神似一个不知国度的

山玩水的人知道，旅游者不远万里，身处异乡，寻找的就是一种感觉。不久之后，新华街的酒吧、水吧、饭吧、咖啡店便一家接一家地开了起来，形成了今天的洋人街。他的生意越加红火。牟鑫认为，现在的新华街已经形成了一种文化。

的确，这是一种新型的、丽江古城从来没有过的现代外来文化，它给古城注入了不同于以往的文

化因子和新的文化气息。

在东大街口，玉河之畔有一间别致的茶室，命名"绿雪斋"。这间茶室建于1998年10月。进入茶室犹如进入一个艺术气息十分浓烈的文化沙龙。古朴的墙壁上挂着出自名家手笔的字画，橱柜、壁台甚至墙角放着精美的石刻雕塑品，桌椅板凳茶台茶具无一不是煞费苦心设计制作的艺术品。

茶室的主人是台湾艺术家于勇，他从事设计、雕刻有年，对艺术有着深刻的理解。茶室中物品多是他采自当地民间旧物进行艺术加工而成，天然成趣，另一番意味。

于勇之所以来丽江古城开茶室，是受已故台北故宫博物院副院长、著名作家、丽江荣誉公民李霖灿先生的影响。李霖灿先生早年曾经在丽江进行过多次较长时间的社会调查，深爱丽江的山水与民情，写过许多有影响的关于丽江的著作，并将丽江称为第二故乡。于勇曾经多次聆听李先生深情地讲述丽江，"留下了终生难以忘怀的印象"。于勇

他希望热爱艺术的人们，常来茶室聚会探讨艺术与人生，也可一杯清茶，一本好书，静静地感觉和品味中国传统文化和丽江古城文化的底蕴。

于勇长发披肩，很有艺术家的风度，一边喝茶一边对我们说："我店里的东西包括字画都是真正代表中国传统文化的，都是真正代表丽江的。经济发展和文化保持是有着矛盾冲突的。经济发展会带来新的文化，也会破坏传统文化。我钟爱传统文化，因此我最终要在丽江建一个纳西族民间工艺博物馆，这是私人的博物馆。当社会发展以后，古朴的东西保存了下来，到时候，那才是真正有价值的东西。"

于勇原先以为光顾茶室者60%应是外地客人，没想到来光顾者居然60%是当地人。丽江古城现在有40多家茶馆，大多是外地人开的，也大多和于勇的茶室一样装饰得艺术气息十足。包含着外来文化的茶馆在丽江古城，俨然成为一道风景，一种时髦。

大石桥旁经营布农铃工艺品店的画家布农，

布农的这个神来之笔的大胆创意和令人张口结舌的想法遭到当地人的强烈反对，认为这种自古未有过的铃声将彻底破坏古城的安静祥和。

说，他很早就向往丽江，也曾经多次到过丽江，每次都依依不舍，最后他决定在古城搞一个文化沙龙，就开办了这个茶室。并将李霖灿先生书房的"绿雪斋"题额要来命名该茶室。

"一茶一世界，一茶一人生"，于勇的"绿雪斋"茶室的茶道是中国传统的茶艺，所用茶叶来自台湾。仅看茶道的表演就是一种精彩的艺术享受。

现在已经不满足于自己的发展。他提出要将紧靠大石桥的一片房子买下来撤除，建盖一座大钟楼，铸造一个巨大的布农铃放进去，每天清晨敲响，整个古城都能听到。布农的这个神来之笔的大胆创意和令人张口结舌的想法遭到当地人的强烈反对，认为这种自古未有过的铃声将彻底破坏古城的安静祥和。

钟楼建设得不到政府的批准，布农又有了更大的想法：建立一个国际艺术村。这个艺术村要像法国的普罗旺斯那样，将世界上最有名的艺术家都请来搞创作。目前，他正在为这设想多方奔走。布农说，目前国内仅有四家艺术村，这些村都是画家小范围交流的场所，我要建立的"中国（丽江）国际艺术村"不仅是中国最大的艺术村，而且是唯一的综合性艺术村——有绘画、音乐、影视、戏剧等，其规模在世界上也将是一流的。我们要依托艺术，借鉴法国普罗旺斯的埃克斯，因为有艺术家在那里活动，每年都吸引世界各地的人士前往寻觅感受，被称作"永远的普罗旺斯"。"中国（丽江）国际艺术村"也将长期有一些国内外的前卫艺术家在此创作绘画和音乐，天天有小型展览和音乐活动，每两年举办一次国际性的艺术大展——"丽江（国际艺术）双年展"。我们力争使该展成为亚洲唯一，与欧洲"威尼斯双年展"、美洲"圣保罗双年展"并列为世界三大艺术展。我们有优秀的人文

在玉龙雪山下水草丰满，小溪潺潺的玉龙村的原野上，距离古城仅15公里。周围有著名的丽江白沙壁画、万朵山茶、山神庙、喇嘛寺。这是一个真正的艺术村，四周是田野，远处是森林群山和雪峰，村里小桥流水，垂柳曲径，宁静的民俗小院、艺术沙龙、酒吧、图书馆、音乐厅、排练厅、影视厅。有艺术家即兴表演，前卫艺术家的演讲探讨。在厚重的展览馆里，每天都有艺术展。在村里随时有机会遇到明星大腕和文化名流。村里拟建十余个异国乡村酒吧，由所属国人士经营。果园马厩，早晚鸡鸣狗吠，晨钟暮鼓，给人一种安静祥和、天伦与尊贵的感觉。

光义街现文巷有一间叫做"高海拔"的工艺店，是一书店兼瓷画工艺品店。这个店专门卖云南各家出版社出版的图书。进入"高海拔"，你就会感到一种书店特有的气息，墨香四溢，令人陶醉。这个书画店的老板名叫徐五一，女，纳西族，45岁。原是丽江汽车总站的职工。1997年，她的父亲

这是一个真正的艺术村，四周是田野，远处是森林群山和雪峰，村里小桥流水，垂柳曲径，宁静的民俗小院、艺术沙龙、酒吧、图书馆、音乐厅、排练厅、影视厅。

环境与自然环境，在前期建设阶段，有中国一流的建筑艺术家组成的策划群体。在已做的前期联络中，我们已得到国内外文化艺术界广泛的回应和赞赏。到时候，"丽江（国际艺术）双年展"会使丽江成为世界媒体的视点，像电影节期间的戛纳一样，流动人口骤增至200万，极大地增加丽江的含金量，丰富丽江的色彩。我们的国际艺术村选设

退休后开了这间书店。老人家认为卖书是积德行善的事情。1998年徐五一停薪留职帮父亲卖书。1999年，父亲去世，她继承父业。但她很有想法，专门进云南的出版社出版的关于云南各民族的书。在"高海拔"，我们看到凡近期出版的云南各民族的书，无论是学术的，通俗的，旅游的都有。

这个店近25平方米，分两间。一间卖书，一间

卖瓷画。瓷画是徐五一的弟弟徐霁烧制的。徐霁是个画家，他的画很有西洋现代风格又具地方民族特色，画在瓷土上烧制出来，更是线条分明，色彩鲜艳，光华灿烂。他的瓷画很有销路，现远销香港、新加坡、南宁、上海、昆明等地。

这时，几个游客进入店中，出神地看着瓷画，现出钟情的神色。我们问他们来自哪里，对这个工艺店感觉如何？他们说来自深圳，"高海拔"这个名字很有意味，引人注目。这个工艺店有强烈的乡土气息，又不乏现代色彩，一走进来就体会到了不同文化交融的情形。这些来自沿海的朋友建议说，应该搞一些介绍当地物品、艺术品的通俗读本、画册，印刷要现代，要精美。这样好给旅游者一些实用的指导和艺术熏陶。其中一人说："看了这些画，我深受感动，我想买这几幅瓷画，它们表现丽江古城中的小河流水、四方街、庭院生活，有的很像毕加索的印象画。"

徐五一说："在丽江古城这个旅游地，我觉得

租房子就有好收入，这是很实惠的事情。另外，对文化也有好处，如外来的电视电话，鹤庆白族的银器、大理蜡染、迪庆藏族的宗教、壁画等被我们吸收，使丽江古城的文化多样性了，丰富多彩了。我觉得丽江古城现在不仅是我们纳西族的，也是大家的。所以，大家都可以来古城发展事业。如果我们小器，不让外地人来，我们古城今天也不会如此繁荣，我也就不会认识你们。交往、文化融合和文化多样性是历史发展的必然。"

在"高海拔"不远处，同在光义街现文巷中，有一个特殊的"大家庭"，一直是丽江古城中一个引人注目的"亮点"。这个大家庭的成员来自四面八方，分属不同的民族。它是1999年10月才出现在古城中的一所孤儿院。

孤儿院所在的现文巷42号，是一座已经有200多年历史，但保持较为完好的跑马转角楼式民居，深宅大院，古朴庄重。是丽江古城"重点保护民居"。我们穿过宅门，看到清洁的四合院里有不少旅

实际上，孤儿院已经成为丽江古城的一个旅游景点。孩子们的生活有如一个大家庭，而且在全世界恐怕也没有一个孤儿院变成一个旅游景点，这是十分奇特的。

民族文化的表现形式应当直观、简单。这样游客可以一目了然地认可我们的文化。"

这实际上，正是现代艺术的表现手法，简洁、明快，直指人心。

谈到外地的生意人对当地的影响，徐五一坦坦荡荡地说："的确，现在很多外地人在古城做生意，应当说对当地的经济有好处。如当地人仅出

游者，他们也是慕名而来的，正在与穿着各民族服装的孤儿们挥手告别。旅游者的眼中闪着泪花，孤儿们依依不舍的表情难以形容，喊着"叔叔、阿姨下次再来"。他们穿得干干净净，显得活泼健康。有的在院子里嬉笑打闹，有的在廊下玩游戏，到处是孩子们的欢声笑语。实际上，孤儿院已经成为丽江古城的一个旅游景点。孩子们的生活有如一个大家庭，而且在全

世界恐怕也没有一个孤儿院变成一个旅游景点，这是十分奇特的。有游客说："这是很罕见的，孤儿们从小就能见到各种各样的人，这对生活在如此遥远的深山中的孩子的成长来说，是很有利的。这是丽江古城新文明的标志。"

是的，这的确是丽江古城的新文化。

傍晚，我们在古城小河边的茶室中，采访了时任丽江地区行署常务副专员和自兴。他是一个土生土长的纳西族人，个子高大，气宇不凡。他向我们介绍了丽江这几年的发展和古城的保护。谈到古城文化的保护和发展，和专员说："这几年关于这个问题的观点分歧很大，主要有两大观点，一是文化单纯论，就是古城只能搞纳西文化、东巴文化；二是古城文化多样性，就是凡是对古城发展有帮助，有价值，有贡献的外来文化都要吸收，保持和发扬。我是基本上赞成后一种观点的。因为从历史上看，古城的四方街就是鹤庆人的街子，古城居民大多数原来是汉族。如今，随着丽江古城知名度的升高，外地人进入古城的多了，大批的学者、艺术家也到古城落脚寻找艺术感觉。这已成为一种趋势，一种文化多样性的趋势。纳西族人是会接受这个现实的，因为纳西族人有历史的包容性性格。"望着夜幕下的小桥流水人家和如织的人流，和自兴神态从容，十分自信。

以开放的精神和胸怀容纳外来文化，实际上是

纳西族自古以来的民族品格和高尚气质。据调查和文献记载，古城居民60%的人原来都是外来人，有不少就是汉人。他们是丽江木氏土司为了学习先进的汉族文化而引进的。进入古城的外地人当时都是能工巧匠，他们带来了外民族的优秀文化和技术，为古城的建设作出了不可磨灭的贡献。

今天的古城建筑就是纳西族、白族、汉族文化混合而成的，是一种多元文化的结晶体。为了在古城扎根，他们努力学习纳西族的文化，数百年来，他们建设在古城，创造在古城，生活在古城，与当地纳西族人同呼吸共命运，文化交流，婚姻互通。最后，他们都变成了古城的纳西族人。如果没有木氏土司的开放精神、纳西族的文化包容性格，以及外民族在古城的创造，丽江古城绝没有今天的规模，也绝没有如此深厚丰富的文化积淀。

古城危机之一

然而，如今古城的生态环境和卫生状况日趋

的确，外来人要深刻地意识到，丽江古城是古城人的家，是民族文化气息浓厚、环境独特优美的古城，更是一个罕见的世界文化遗产。它太美丽，太诱人了。

恶化，首先是古城周围的树林少了，入城的水量小了。更为严重的是，大批外来人进入古城经商后，他们不懂得古城人千百年来所形成的对河流保护的规矩和习惯，往往向河里倾倒垃圾、污物、污水甚至粪便，许多饭店、旅馆等的废水都排入河中。古城的臭水河渠多了起来。

在古城，河水污染成为人们议论最多的话题，

成为无论外来客还是本地人关注的焦点。

在古城的大石桥上，一个忧心重重的外地人对我们说："我觉得古城中各种各样的人太多了，这就不太好。我觉得，丽江古城的破坏者，是我们游客、我们外地人，特别外地生意人对古城环境的保护意识太差，我们就亲眼看见有人在河里涮马桶、丢东西、倒垃圾，对河水造成污染。"

在杨增林家，我们曾问这位以保护古城为己任的老人："外来人到古城做生意，你的态度是什么？"

老人说："外来人到古城做生意我们是欢迎的，因为城里人少也是冷冷清清的。做生意对这里的发展特别是古城的发展是很有意义的，因为，以前古城就是一个生意发达的地方。可以这样说，丽江古城以前的发达和现在的发达与外来人关系很大。只是他们要尊重古城的文化，爱护古城的环境。环境破坏了，任何人都不会喜欢这个古城了。"

污染，他不禁黯然神伤。他说："前几天，我从小凉山买回几块毡子，拿到小时候常洗东西的河里去洗，但是河水中老是漂来污染物和油汤，使我无法洗毡子。古城河水是古城的命根，如此破坏，令人发指。"

在我的脑海里浮现是过去清澈见底的河水，正是这母亲河哺育了古城的文明。

如今，在古色古香的丽江古城民居建筑群中，有不少簇新的建筑物，很是引人注目，与古城原有的民居建筑风貌极不相称。其中，有两座建筑物引起了各方人士的严厉批评，它们是"巴黎圣母院"和"玉龙花园大酒店"。

"巴黎圣母院"是政府在多年前建造的一个农贸市场，位于古城北区的中心地带。这是一座用现代钢筋水泥瓷砖建造的三层楼的仿西洋古典式建筑，由于形似城堡，被称为"巴黎圣母院"。几年前，四川剑南春酒厂买下并拆除了巴黎圣母院和周围的8户民居（850平方米），按照古城民居式样建

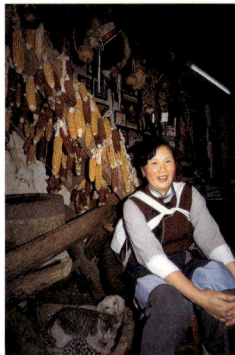

经营工艺品店的纳西族妇女 ▶

的确，外来人要深刻地意识到，丽江古城是古城人的家，是民族文化气息浓厚、环境独特优美的古城，更是一个罕见的世界文化遗产。它太美丽，太诱人了。

在古城，我们遇到了云南省社会科学院研究员杨福泉，他是我们的朋友，从小生活在古城，对古城和古城的河流有着极深的感情。当谈到古城河水

盖房屋，用做办公室、旅馆等。

"玉龙花园大酒店"是一座星级酒店，位于古城南区的中心地带和交通要道。过去，这里是古城富户李达三家的梨园，后来成为一块公共空地，犹如古城的公园，长期以来是古城人休闲游玩之地。数年前，天津某公司在这块空地上建盖了这座现代化的大酒店。

对此，许多专家学者提出批评：生活情趣是古城之魂。花园大酒店、剑南春酒厂正在改变古城民居内的生活内容和古城的生活情趣，正在改变古城之魂。

正在泰国亚洲理工学院读博士的云南省社会科学院民族学家于晓刚说："花园大酒店、剑南春酒厂旅店看上去非常漂亮，但它是一个漂亮的外壳，一个复制品。复制就失去了本色，也就失去了价值。"

像丽江这样的古城，仅从建筑来说，复制一个并非难事，但仅能复制一个古城的外壳，一个没有纳西族文化、纳西族生活之魂的古城外壳。

前段时间，只要有钱，就可以购买古城民居，从事商业和其他用途，这就改变了古城内的文化独特性和纳西族生活的品质。联合国教科文组织顾问白海思（Heather A.Peters），在考察了"巴黎圣母院"、"玉龙花园"以后说："丽江古城的完整性正在受到威胁，丽江的领导人应该改善丽江古城的

纳西人在这座古城已经居住了一千多年，是他们将古城建设成如今这世人瞩目的模样，而这一切，都有可能随着上面提到的这一古城建设模式而消逝。——我现在的忧虑是，如果目前在丽江古城的这种开发趋势继续下去，联合国教科文组织将有可能将丽江古城列入'世界遗产濒危名录'，列入此名单的遗产意味着该遗产地正面临着管理和经验方面的困难。这是将该遗产从世界自然文化遗产名录中取消的第一步，我们中任何一个人都是不愿意见到这个结局的。"

没有原生民族文化之魂的古城，就不可能成为世界文化遗产，而失去原生民族文化之魂的古城，就不再是"活着的""文化遗产"，也不可能继续是具有世界意义的"文化遗产"。

古城危机之二

在杨增林家，正当我们对古城纳西族建筑和房屋装饰艺术赞不绝口时，杨增林老人说："但是现

"如果这样下去，丽江就将失去她的活着的灵魂，她将逐渐变成一个没有当地纳西人居住的城，纳西人在这座古城已经居住了一千多年，是他们将古城建设成如今这世人瞩目的模样，而这一切，都有可能随着上面提到的这一古城建设模式而消逝。"

管理方式。我担心的是，如果按这种模式继续下去（即将古城的公房和私房出售给某个公司，或者是将它们拆除，然后在原地建盖起与旅游和商贸经营相关的新房子），丽江就会成为一个空空的'旅游之城'，只有商店、饭馆和小旅店，没有当地人的经营。如果这样下去，丽江就将失去她的活着的灵魂，她将逐渐变成一个没有当地纳西人居住的城，

在年轻人都不愿意住在古城里，比如我家现有11口人，除了我和老伴外，子女儿孙都在古城外居住。甚至连我这样岁数的人也不愿意住在古城里了。"我急忙问为什么呢？他说："这是因为：一、交通不方便，汽车进不来；二、用水困难。原来古城河水可饮，现在河水污染严重，很多酒店、小店的污水都排到河里；三、上厕所不方便。古城厕所很

少，过去人少不收费，现在上厕所要收费（因为各种各样的观光客来得太多了）；四、古城管理所的服务不好，比如申请办个房产证都很啰唆；五、现在古城中住的人太多太杂，缺乏安全感了。"杨增林的说法代表了古城多数居民的看法。

正如我们所知道的，丽江古城是一个小桥流水人家，布局合理，古朴典雅，环境优美，最适合人类居住的地方，但据调查，古城人口外迁情况十分严重。到1999年底，已有1527户，5001人迁出古城。即13年间，已经有35.77%的原住居民户迁离古城。有人估计，假如照这样的迁出率，26年后，丽江古城就是一座空城。当然，与此同时，也不断有人迁入古城。自1987年至1999年的13年中，迁入古城居住者累计1350户，4051人。这种迁出和迁入，使古城居民的主体发生了巨大的变化。迁走的大部分是古城的本土纳西族居民，而迁入的则主要是外地外民族的经商者，这种居民的变化使古城居民出现非本地化和非民族化，这是一种质的变化。非常

文化的载体，置换了人就置换了古城的民族文化内涵，不久的将来古城就不再是具有独特民族文化的古城了。

丽江古城最主要的特点就是它是一个罕见的活着的古城，不仅是建筑的古老。所以，如果外地商人可以随便买房经商，几年以后丽江古城就变成一个外来人的商业城。联合国教科文组织关心的是如何使古城长期地吸引人，仅靠小河、流水、民居是不行的，得靠当地特有的文化。不少外国游客多次到丽江古城来，一是因为古城很罕见、有特色；二是担心古城特色消失，在消失之前多来几次。大批的外来人移入古城做生意，这样会失去纳西族的文化特色。许多外来人包括外国人愿意到古城来，不完全是因为古城的建筑，而在于民居里的文化、生活情调——弹琴、书法、绘画、育花等等。总之，庭院生活、古乐等文化是一种长期形成的特定风俗，是古城的灵魂。如果这些庭院换了主人，尽是些外地商人，

> 丽江古城最主要的特点就是它是一个罕见的活着的古城，不仅是建筑的古老。

令人注目的是，迁出古城的本土居民主要又是年轻人，这样，古城家庭就逐步成为"留守家庭"，古城就逐步成为"老人世界"。

对此很多学者十分忧虑，年轻人都搬出古城，古城就失去活力，当地的文化得不到继承和发扬。实际上变成了民族文化空城，不是活的民族文化古城了。外地人的大量拥入置换了居民的主体，人是

人们对这样的古城是不会感兴趣的。在丽江古城，我们深切地感受到，这座目前还活着的古城在呼唤人文精神的保护与传承。

这个问题应该引起人们的深思和高度重视。

在丽江古城文化瑰宝中名气最大的大概要数"丽江纳西古乐"。所谓"纳西古乐"是多元文化相融合的艺术结晶。它由"白沙细乐"和丽江洞经音乐、皇经音乐组成。自20世纪40年代以来，很多音乐史家对"白沙细乐"这套组曲进行了研究，认为它是我国屈指可数的几部大型古典管弦乐之一，尚存8首歌、舞、乐结合而成的套曲，其旋律与和声的独特是目前所仅见的。它在我国乃至世界音乐学领域里具有重大的研究价值，被誉为"音乐的活化石"。丽江洞经音乐是明清时期从中原传到丽江的道教洞经音乐，据说是忽必烈征云南时带来丽江的，被认为是道教音乐体系中的艺术精品。洞经音乐早先在纳西族文化阶层中传播，当洞经音乐流入民间后，一些本土的民间音乐风格和演奏方法融入其中，天长日久，就变成具有浓烈纳西族特色的"纳西古乐"。

随着纳西古乐知名度的大幅度的攀升，到丽江古城旅游人们，几乎都要去欣赏纳西古乐。在古色古香的古城中，聆听穿着古装的古稀老人演奏纳西古乐，那真是一种难得的艺术享受。

1 | 2
  | 3

1.纳西古乐演出现场

2.纳西古乐《白沙细月》在古城东巴宫演出

3.纳西老人演奏古乐器"苏古笃"

丽江古城,在数百年悠悠岁月中,一直保有十分鲜明的特点,它的面积3.8平方公里,有两条河流从城中穿过,河水在城中一分再分,形成河流的纵横交错,古城民居则依河而建,形成主街傍河,小巷临渠的古城建筑格局。

清清的河水与古老的街道相伴曲折闪亮而行,通入炊烟袅袅的千家万户。古城就犹如一个特大的家庭。到处是那样宁静安详,那样淳朴自然。伫立河岸,看着那小桥、流水、人家,一种特殊的

民族风情与江南水乡韵味交织在一起的画卷悠然铺陈眼前,思古之情便油然而生。这个古城有着罕见的幽静娴雅,在古朴别致的民居庭院里,纳西族人在种花养草,喂鸟观鱼,下棋绘画,吟诗作对,喝茶聊天,那样悠闲自在地生活着。古城人的生活及生活情调隐隐含着纳西族文化的特殊内涵。这种文化的内涵博大精深,丰富多彩,神秘莫测,它深藏于大山古城中,将雪山下平坝中的古城滋养成一个有血有肉的生命体,这个生命体是纳西族数千年

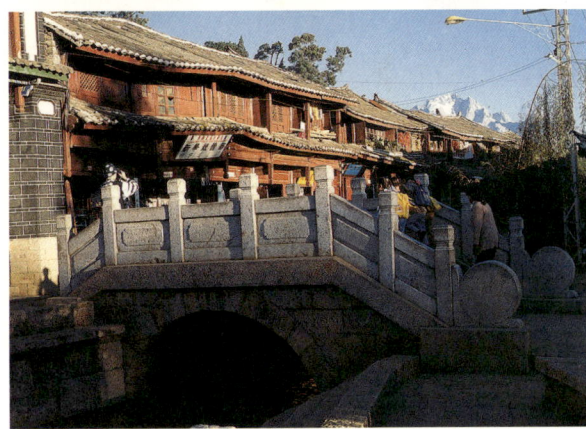

文明熔铸而成的，是纳西族的民族之魂。

如果说，丽江古城仅是一座历史悠久的古城，它没有什么了不起，在中国，这样的古城多得数不清。丽江古城的了不起就在于它所具有的特点举世罕见：它是一座功能齐备的活的古城，有一个历史久远、风习奇异的民族生活于其中，他们的文化古老而独特，他们生活方式仿佛一直在吟诗作对，犹如一首永远唱不完的田野牧歌，这就是古城的灵魂。

```
    | 2
1   | 3
    | 4
```

1.小桥流水旁的绿雪斋茶室

2.游客们喜欢在古民居中品茶

3.古城传统小吃

4.水、桥、古建筑是古城风貌的代表

1 | 2
  | 3

1.高海拔工艺品商店

2.布农铃

3.古城里卖木勺的摊位

几乎所有在古城从事商业的人，无论是外地人还是本地人，都认为古城的生意十分好做，都在心中怀着一个梦想，希望把自己的生意做大。

丽江古城很早就是云南通往西藏的"茶马古道"的重要贸易中转地，是滇西北最重要的交通要道和集市，来此做生意的外地人很多，因而形成了专供大理商人居住做生意的"见洛过"，意为"大理巷"，专供藏族商人居住做生意的"堆店"。藏族商人到丽江做生意的很多，藏商马帮驮来大宗的毛皮山货药材腊肉腊油等商品，换回茶叶蔗糖粉丝铜器大皮鞋等商品。藏商在丽江古城的贸易大大刺激了古城的铜器业、毛皮制品业、粉丝等食品业作坊的迅猛发展。此外，马帮频繁来往于古城，则在古城双石桥一带形成了专门的"卖草料市场"。

如今，新兴的现代化产业旅游业也成为古城商业化的一部分，而且，声名远扬的丽江古城已经成为旅游"圣地"。

很多学者研究认为，东巴象形文字，可能源于东巴木牌画。

木牌画是一种典型的"森究"（木痕迹）。东巴文字最初是一种原始图画字，是画写在木牌上的痕迹和记号。东巴木牌画是以东巴教神祇为内容的绘画。古老的《东巴祭风木牌画谱》就是东巴教为人家举行祭风仪式而制作鬼神木牌画时所用的摹本，也是青少年东巴平时学习木牌画的画谱。全书44页，共绘有130个不同形象的鬼神、人物及各种鸟兽，并用标音的哥巴文逐个标名。

东巴木牌画很有特色，看上去十分地古朴，线条简洁，很有意味，深得外地人的喜爱。

现在，有很多纳西族青年在学习东巴艺术，有的学绘画，有的学书法，有的学东巴木牌画雕刻。另外，还有很多其他民族，甚至外国人也来古城学习纳西族的东巴艺术。

```
  │ 2
1 │───
  │ 3
```

1.木牌画经营者和建昆的家中陈列了许多作品

2.正在制作木牌画的和建昆

3.店中陈列的木牌画充满当地风情

1 | 2
——
　| 3

1.在古城小巷里用餐的一对外国夫妇

2.新华街上湖北小伙子与韩国妻子合开的"樱花屋"

3.古城夜晚用餐的外国游客

新华街沿着入城的玉龙河由北向南通往四方街，虽是一条古街，如今却充满了现代气息。酒吧、水吧、咖啡店，街道旁的古老建筑，现代艺术装饰的门面和洋派的店铺名字和谐地结合在一起，成了异国情调浓郁、外国游人汇集的"洋人街"。

"洋人街"是外来文化与当地文化对接的产物，它所具有的文化特质，给丽江古城带来了新鲜气息和风韵，也使古城有了另一种文化风采。

在丽江古城中，有一个特殊的"大家庭"，一直是丽江古城中一个引人注目的"亮点"。这个大家庭的成员来自四面八方，分属不同的民族。它是1999年10月才出现在古城中的一所孤儿院。

孤儿院所在的现文巷42号，是一座已经有200多年历史，但保持较为完好的跑马转角楼式民居，深宅大院，古朴庄重。是丽江古城"重点保护民居"，宅门上挂着"丽江民族孤儿学校"的牌子。

这个孤儿学校是在当地政府的支持下建立起来的。学校现有学生308名，来自14个不同的民族。他们的父母都是因为天灾人祸，特别是1996年、1998年两次丽江大地震中失去生命的。

孤儿学校由三部分组成：一是孤儿育幼院，抚育6岁以下的孤残儿童；二是孤儿学校，收养小学至中学的学生；三是孤儿职业培训学校，对初、高中毕业的孤儿进行技能培训。

现文巷42号仅是丽江民族孤儿学校的一部分，即孤儿育幼院。这里有34个孤儿，4个教师（两个生活教师，两个学习教师）。教

师都是来自各地的志愿者，有当地的，有湖北的，有吉林的，有新加坡的。最近又有香港和新加坡的志愿者要求来此做义工。在我们采访的时候，不停地有游客到孤儿院，有的还是导游举着小旗子带来的。实际上，孤儿院已经成为丽江古城的一个旅游景点，这是丽江古城新文明的标志。"

<table>
<tr><td rowspan="2">1</td><td>2</td></tr>
<tr><td>3</td></tr>
</table>

1.孤儿院的孩子们热情地向游客招手

2.孤儿院的孩子们在上课

3.丽江孤儿院是典型的纳西族四合院

第 *6* 章 保护古城

几乎所有的人，无论是外地商人、游客、学者，还是本地商人、居民、官员，无论是中国人还是外国人，都希望古城得到保护，都对古城充满爱心。因为这个古城是世界少有的活的古城，只有得到保护，他们各自的利益、渴望和梦想才能得到实现和满足。

古城的传统保护

丽江古城是美丽而鲜为人知的。在久远漫长的历史岁月中，这个滇西北大山深处的古城偶有微弱的文明亮点闪出，后又倏忽不见，一切又恢复在寂寞中。于是，长久以来这个美丽的古城一直默默无闻于世，一直保持着它的文化特色，古老风貌，天然丽质。

也许，鲜为人知是一种长存之道。

1995年，一场惊天动地的大地震将丽江纳入了世人的视野，古城的风貌，纳西族人民的精神也为天下瞩目。1999年，联合国将丽江古城列入世界文化遗产名录，这个玉龙雪山下的古城迅速闻名世界。

仿佛仅仅一夜之间，丽江古城成为了全球关注的旅游胜地，全国各地、世界各地的旅游者、商人、学者、艺术家蜂拥而至。昔日宁静的古城变得非常热闹，纳西人平静的生活变得热烈起来，古城传统的纳西文化陡增现代化的重彩。

古城是古城人的家，古城人从来就注意保护这座古城家园。自古以来，古城人就创造和保持着一套颇为健全的管理系统。对于建筑、街道、桥梁、河流、市容市貌、市场管理都有着一系列行之有效的制度和长期以来约定俗成的规定。不仅如此，他们还应用宗教文化借助神灵的力量来对古城

时候起，就谋求建立人与自然的和谐秩序和关系。在《东巴经》这部纳西族思想和生活的经典中，在纳西族"祭天"、"祭署"的宗教活动中，就闪现着这种谋求建立人与自然和谐秩序和关系的思想光辉。人与自然和谐相处是纳西族作为一个对大自然有着深刻认识的民族的生命观，也是这个民族经过成千上万年千锤百炼形成的生活的常识。这些生活常识，以各种各样的方式，在一代又一代的纳西族人中传袭，早已成为了每一个纳西族人每一个古城人的不知不觉的行为准则。

这种生活和行为的准则就是一种保护意识，不仅保护自己生活其中的大自然，而且保护自己创造的一切。

因此，丽江古城一直较为完整地保存着传统历史街区和建筑风貌，基本保持着纳西族语言、服饰、民俗、节庆、礼仪、手工艺品、古乐、民间艺术、道德规范、东巴文化等，从而成为一座富有朝气的鲜活的古城。这是古城人长期不懈努

"住在村子里不损坏寨子，住在正屋不损坏厢房，住在山上不损坏山岭，住在山地不损坏水田，住在水边不损坏水沟，住在树旁不损坏树枝。"

加以保护。

蒋高宸先生在其编著的《丽江——美丽的家园》一书中引用纳西族的话写道："住在村子里不损坏寨子，住在正屋不损坏厢房，住在山上不损坏山岭，住在山地不损坏水田，住在水边不损坏水沟，住在树旁不损坏树枝。"

这种朴实的语言在告诉世人，纳西族从很早的

力的结果。

然而，这一切都与古城河流的保护息息相关。

纳西族是一个崇拜水的民族，水被视为纳西族生命的母体，在她的神话中有一个传说也许与古城人对水的重视有着某些神秘的联系。纳西族的古代文献《崇般突》里说：居那若罗神山山顶有三股圣洁的泉水，把三滴圣水向上一洒，使天

体由此高了；把三滴圣水向下一洒，使地体从此稳固了；又把三滴圣水向左边洒，太阳出来更暖和了；再把三滴圣水向右边一洒，使月亮更加明亮了。

丽江古城是个水域之城。古城河流之水是古城的命脉和灵魂。交错的河流像血脉一样密布古城，它的长年流动和常葆洁净使古城一直充满着青春活力。

"家家流水，户户垂柳"是古城的真实写照。人们饮水及日常用水均取自河中，于是，对于水的保护和使用，古城人有着非常严格的规定，诸如水的分时间、分地段使用，早晚时间供饮水，中午、下午供洗菜、洗衣物、冲洗街道，以及独特的饮水、洗菜、洗衣三位一体的"三眼井"；妇女和婴儿的衣物只能在流向菜园的两条小河中洗涤；往河里吐痰、倒污水、倒垃圾是绝对不允许的。如果将脏水倒入河流等有违规定的事情，被人看见要受到惩罚和谴责，没有人看见

内外。因而古城常常是清爽洁净的，无论是古城人家，还是大街小巷总是干干净净，绿树成阴，鲜花盛开的。实际上，古城之水冲刷的不仅仅是灰尘泥污，而且冲刷着人们不健康的思想，培养了古城人的环境意识和道德意识。因此，长期以来，水被视为古城的命根子，古城的动力，古城的灵魂。

也正因为古城纳西族人对水的崇拜，对古城血脉的精心保护，古城的一切才被保存了下来。

古城的现代保护

古城的旅游热，使古城内涵和面貌快速地变化着。同时古城也被越来越多的人所关注。联合国的官员、国内外的学者专家、科学家、艺术家、旅游者对古城的变化和保护提出了各种各样的意见。丽江古城如今已经成为一个众目睽睽关注备至的地方。当地政府看着古城的变化，感到前所未有的紧张，如履薄冰，压力很大。

水滋养着丽江古城的灵魂 ▶

要遭到神的惩罚，祖坟会被水冲，人会生烂疮等。总之，会有不测的灾难降临。这样，数百年来，古城河流常葆洁净，河中水獭、野鸭、各种鱼虾自由自在，游戏其中。

"冲街净道"是古城环境卫生的一项绝技，也许为古城人所独有。每当冲街时，放开上游水闸，河水顺街冲刷流淌，家家户户也冲刷自家

时任丽江纳西族自治县副县长的周鸿对我们说："丽江古城整体保护是好的。古城的纳西族自古就有保护古城的措施和制度。1983年，我们制定了一个《古城管理保护办法》，对古城进行规范管理和保护。1986年，丽江古城被国务院定为历史文化名城，激起了古城人和当地政府更加努力保护古城的热情和责任感。1996年'2.3'大地震，丽江古

城遭到破坏，当地政府多方筹资近2亿元，对古城进行了原貌修复，在严格保护传统风貌的基础上，对古城的道路、桥梁、路灯、环境卫生、绿化、供水、排水、消防、电力、电信等市政设施进行了现代化改造，改善了古城的基础设施与环境质量，大大方便了居民的居住与生活。1997年12月4日，丽江古城被联合国教科文组织批准列入'世界文化遗产清单'。这是丽江古城保护的一个极大的成功。当地政府深深地意识到，古城保护责任重大。采取了'保护第一，发展第二'的方针，制定和实施了一系列保护措施。"

这些措施包括了对"有形文化"（建筑、服装等）和"无形文化"（语言、歌舞、生活情趣等）即"硬件"和"软件"的保护。这些保护措施现在正在实施之中，其效果是显著的。

最后，周副县长信心十足地说："丽江的旅游业才刚刚开始，我们不希望它昙花一现，我们要将丽江古城建成真正有世界名气的古城。"

国际古城保护会议

当然，人们非常清楚地认识到，古城保护本身是一个世界性的难题。

2001年10月7日至18日，联合国教科文组织在丽江古城召开"亚太地区文化遗产管理第五届年会"。这个极为重要的会议选在丽江古城召开是意味深长的。参加这届年会的联合国教科文组织官员、22个国家的代表和中国文化遗产方面的专家、50个古城（遗产地）政府代表汇集丽江，共贺丽江古城成功申报世界文化遗产四周年，共商进一步有效地保护和开发丽江古城世界文化遗产。

古城人参与和注视着这次会议，他们相信在这个会议上，世界将会对他们刮目相看，将会有许多良好的古城保护建议贡献给这座滇西北崇山峻岭中的古城。

世界遗产的保护与开发是这次会议的主题。

今天，旅游业与文化遗产之间的相互依赖性日益突出，正因为有了文化遗产对旅游业的奠基

保护古城，已经成为所有人的共识，这种共识的形成，就是因为古城的魅力。

保护古城，已经成为所有人的共识，这种共识的形成，就是因为古城的魅力。只要一走进古城，一踏上那五花石板铺陈的街道，一看到那小桥流水人家，以及那仿佛梦幻般仿佛天外漂浮而来的东巴图画和东巴象形文字，人们的心中就自然而然产生让古城和古城的一切永远存在于世的强烈愿望。

作用，旅游业才有利润，从而为经济发展和环境保护提供资金。会议的代表在考察了丽江古城后认为，丽江古城至今较为完整地保持着原生的民族传统文化和生活情调，丽江旅游业的繁荣促进了传统文化的发展。丽江每年把旅游收入的一部分用于古城修复与文化保护，使许多濒临失传的纳西族文化在旅游大潮的触动下开始"复活"，

得到了新生。如木府、白沙壁画、纳西古乐、东巴歌舞、东巴字画等民间艺术正在获得新生而蓬勃发展，铜器、制陶、风味食品、民族服装等手工业恢复形成一个十分引人注目的产业。丽江古城在数百年民众的自觉保护和政府的不断努力下，其保护是成功的，它是一种保护和发展的模式——"丽江模式"。

当然，古城总是要发展变化的，是任何力量也无法阻挡的，今天的丽江古城不完全是昨天的丽江古城，明天的丽江古城也将不完全是今天的丽江古城。

但是，任何古城，应当在没有任何人为破坏而只有人为保护的情况下，自然地健康地发展变化。

丽江古城情结

我也记不清我究竟到过丽江多少次。第一次到丽江时是乘坐长途班车，从昆明出发，整整三天才到丽江。我觉得丽江真是一个山高皇帝远的地方，

当我再次来到丽江进行考察并将多次丽江之行的观感糅合思考时，才感到了纳西族文化的深厚博大，它的底蕴是那样的深沉，它的光泽是那样的美丽，它是天地间的大美。这种大美为世世代代生活于滇西北崇山峻岭中的纳西族所独有。

我发现这古城之美来自于天造，更来自于人的创造，来自于纳西族对创造之物的深情眷念和精心呵护，来自于一种普普通通的爱心，那就是爱家乡，爱世界。

每天穿行于丽江古城的大街小巷，看着朴实无华的古城人悠然宁静的生活及衣着时髦的外地游客匆匆来去的身影，我真是思绪万千。

我希望保护好这座丽江古城，希望它永远存在。因为它实在太美丽，太难得了。在这个世界上，这样的有着原生民族之魂维系其中、有着独特生活情趣的人们生活其中的古城实在太少了。

其实我知道，我的这种丽江古城情结是几乎所有熟悉丽江和到过丽江的人的共同情结。丽江古

古城总是要发展变化的，是任何力量也无法阻挡的，今天的丽江古城不完全是昨天的丽江古城，明天的丽江古城也将不完全是今天的丽江古城。

是一块净土和宝地，天特别蓝，云特别白，空气中没有一丝杂质，大地十分厚实，人情十分淳朴，而那古城则如滇西北高原上的一颗深藏不露的文化明珠，那样地古老，那样地新鲜。

随着时光的流逝，丽江古城一天天闪烁出它耀眼夺目的光芒。它身上的一切，仿佛都不同凡响，都具有磁性，深深地吸引着我。

城似乎天生就有一种魅力，使所有接近她的人都会深深地爱上她，因为她实在太独特、太罕见、太美丽，无论是她的外表，还是她的内涵都显得完美无缺。她是世界文化中的一个独特的文化品种，文化品牌。

世界文化是以其多样性为特征的。这就犹如生物多样性使得自然界丰富多彩、生机勃勃一样，文

化多样性使我们的世界物质和非物质文化遗产极端丰富，精彩纷呈。

文化是人们在不同的地理环境中，长期与自然生态环境互动过程中形成的。不同地区、不同民族、不同历史发展过程和不同的对自然生态的利用方式，形成不同的民族文化。如果借用生物多样性的观点：每一物种都是特定地域的独特品种，其他品种不能代替，都有着其存在的独特价值。那么，在民族文化多样性中，每一种民族文化同样是特定地域、特定民族创造的独特的文化品种，有着存在的独特价值，其他文化再"先进"（其实，从文化人类学的观点看，文化从来没有高低贵贱、先进落后之分）也不能够代替这种民族文化。如此，丽江古城就是独一份文化遗产，如果她被变化、破坏和摧毁，世界上就少了一种独特的文化，就像自然界灭绝了一个物种一样，再也不会再出现，假使再出现，也只会是仿制品。这正如我们在世界各地看到的文化重建一样。

呵护她、守护她、保卫她，让她永远美丽，让她永远保持民族文化的内在气质和精神，成为人类永远的文化情人。

在金色的丽江坝子中央有一座小山，名黄山，又名狮子山。每次到丽江古城，我都要登上这座犹如卧狮的小山，丽江古城就坐落在山下，坐南朝北，阳光常照，风水极好。该山林木葱茏，青翠欲滴，山顶有座万古楼。站在楼上，可清楚看到小山前伸的余脉将丽江分成古城和新城两个部分。左边为新城，高楼林立，街道宽阔，玻璃瓷砖在大体相同的建筑物上闪烁着现代化灼热的光芒，这与几乎所有的现代化城市的式样毫无二致，仅有大小之别。右边为古城，瓦顶鳞次栉比，起伏延伸，犹如被凝固的波涛在阳光下熠熠闪着古铜色的光芒，那光芒仿佛发自地心深处或久远的历史深处，是那样的悠悠不尽，余晖袅袅。如网的河流和五花石板铺成的街道蜿蜒于这片深沉厚重的古董般的房屋建筑中，犹如古城的血脉在潺潺流动。

林木葱茏，青翠欲滴，山顶有座万古楼。站在楼上，可清楚看到小山前伸的余脉将丽江分成古城和新城两个部分。

丽江古城保护的危机，已经引起了极大的社会关注，几年来所采取的政府主导、学者指导、民众参与的保护方针和措施已见成效。但保卫丽江、守护古城绝不仅仅是丽江当地的事，而是全社会的事，需要理智、科学和爱心的积极参与。

我多么希望所有的人都从自己的角度，以自己的能力和方式，为丽江古城的保护贡献一份力量，

古老与现代之城，以各自隐含着的不同文化内容所放射出的不同光彩，在这个高山平坝中，在这座小山下，以玉龙十三座大雪峰为背景，交相辉映。

```
    | 2
1   | 3
    | 4
```

1.丽江古民居依然保持着原有的风韵

2.修缮古民居

3.著名学者杨福泉的父母仍然住在古城

4.古城老人在街上晒太阳

自古以来，古城人就注意保护丽江古城，早就形成了一套颇为健全的管理系统。对于建筑、街道、桥梁、河流、市容市貌、市场管理都有着一系列行之有效的制度和长期以来约定俗成的规定。不仅如此，他们还应用宗教文化借助神灵的力量来对古城加以保护。例如，河流保护，如果将脏水倒入河流，被人看见要受到惩罚和谴责，没有人看见要遭到神的惩罚，会有灾难降临。因此，丽江古城一直较为完整地保存着传统历史街区和建筑风貌，基本保持着纳西族语言、服饰、民俗、节庆、礼仪、手工艺品、古乐、民间艺术、道德规范、东巴文化等，从而成为一座富有朝气的鲜活的古城。

1997年12月4日，丽江古城被联合国教科文组织批准列入"世界遗产清单"。这是古城保护的极大的成功。这个成功意味着古城保护责任的加重，意味着丽江人民必须对世界人民负责，必须接受国际社会的监督和监测。当地政府深深地意识到，古城保护责任重大。他们采取了"保护第一，发展第二"的方针，制定和实施了一系列保护措施：一是组织制定了《丽江古城保护与发展专项规划》；二是修订了具体详细的《丽江古城保护管理办法》；三是组建了"丽江古城保护管理委员会"对古城保护工作进行宏观调控、协调、指导与监督、决策，下设专门的办公室负责处理日常事务。

古城人的传统保护和政府的现代保护措施，使丽江古城的保护力度加大并取得了卓越成绩，得到了联合国教科文组织的肯定。

十多年以前，丽江古城还深藏于滇西北崇山峻岭中，几乎鲜为外人所知。那时，走在夕阳下五花石板铺成的街巷中，就如走进历史的深巷。夕阳的余辉洒在油亮的五彩石板地上，放着斑铜样的光泽；玉河之水真像玉石般熠熠生辉；清清的河水与古老的街道相伴曲折闪亮而行，通入炊烟袅袅的千家万户。那时几乎没有外地游人，全城都是熟人，相见彬彬有礼，时时谦让互助，人人尊老爱幼，犹如一个特大的家庭。到处是那样宁静安详，那样淳朴自然。伫立河岸，看着那小桥、流水、人家，一种生活之美和思古之情便油然而生。这个古城有着罕见的幽静娴雅，在古朴别致的民居庭院里，纳西族人在种花养草，喂鸟观鱼，那样悠闲自在地生活着。

如今，只要沿着新石板铺成的东大街随着人流走进古城，就能强烈地感受到丽江古城的变化，原来熟悉的宁静的小桥、流水、人家还在，但街巷中的店铺灯火通明，商品琳琅满目，沿街两旁的红灯笼像长龙盘旋于装饰一新的古城中，使这个古色古香的小城有一种既轻慢闲适又热情洋溢的气氛。

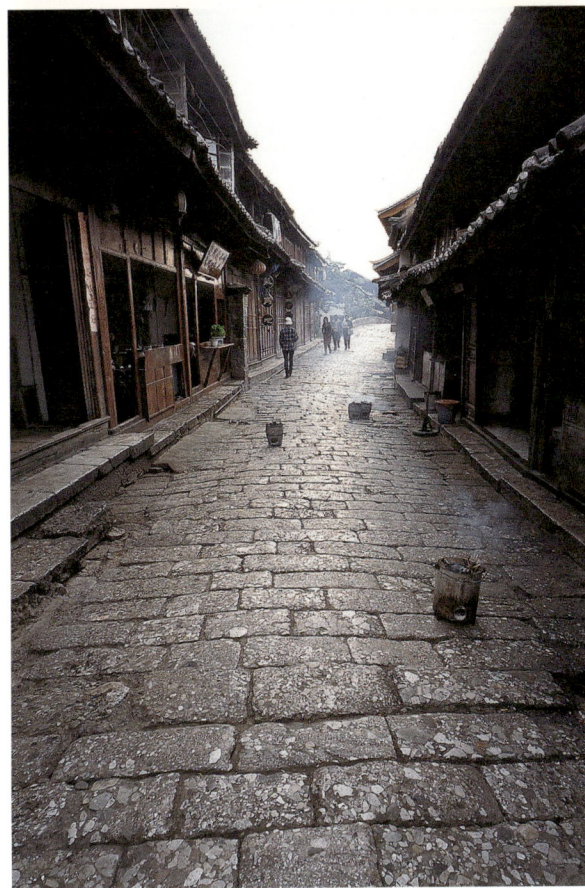

1	2
	3

1.上世纪90年代的古城十分宁静

2.十几年前的大石桥两侧没有一家商店

3.古城静谧的清晨

后记

守护丽江

1995年，一场惊天动地的大地震将丽江纳入了世人的视野，古城的风貌，纳西族人民的精神也为天下瞩目。1999年，联合国教科文组织将丽江古城列入世界文化遗产名录，这个玉龙雪山下的古城迅速闻名世界。

仿佛仅仅一夜之间，丽江古城成为了全球关注的旅游胜地，全国各地、世界各地的旅游者、商人、学者、艺术家蜂拥而至。

这种突然出现的火暴场面、全新变化引起了各方有识之士，热情之士的关注和担忧，他们担心这个世界罕见的，也许是独存的少数民族文化古城将会在这种罕见的迅速升温的旅游大潮和商业大潮中被淹没消失，这个"活的世界文化遗产"将在不久的将来不复存在。

2001年5月5日，为了了解丽江古城出现的新情况以及它的保护与发展，我和中国新闻社摄影记者罗小韵女士前往丽江。

一踏上丽江，就感到人满为患，昔日宁静的古城变得非常热闹，纳西人平静的生活变得热烈起来，古城传统的纳西文化陡增现代化的重彩。灯红酒绿与小河流水交相辉映；流行音乐与纳西古乐杂混夜空；洗脚城、古客栈门庭若市；珠宝店、古董店、传统工艺品琳琅满目，排列街市。据说，今日在丽江古城做生意，日进斗金，不足为奇。商业狂潮似乎正在冲击、吞噬着当地的传统文化、当地的一切。对此，我们拜访了时任丽江地区行署副专员的和自兴，听完我们对丽江变化的看法和担忧，和专员表示理解。

之后在丽江采访中，我们在一位朋友处看到了联合国教科文组织顾问白海思写给和自兴的信（节选如下）。

亲爱的和自兴书记：

您好！

如您所知，我这次是作为联合国教科文组织的代表来访问丽江，因为我们听到了有关丽江古城目前正开始的一些发展项目极其可能对丽江文化遗产的保护和保存带来的威胁。我特地考察了以下地方：

"巴黎圣母院";

现已被拆除了公房和私房的"巴黎圣母院"后面那一片地方;

"玉龙花园"（原李达三梨园）内的天津某公司的项目。

在访问期间，我有机会与许多丽江的老朋友和同事交谈，包括县长杨廷仁和副县长周鸿，也非正式地访问了几个当地居民。

考察完后，我很遗憾地得出如下结论：丽江古城的完整性正在受到威胁；丽江的领导人应该改善丽江古城的管理方式。

我了解到，至今县上只有很少的资金能投入到古城的保护和维修工作。因此，县政府的领导同意可以将古城里的公房和私房出售给外地的公司，用以筹集资金。

根据我的观察，我认为这并不是一条正确的路子，我担心的是，如果按这种模式继续下去（即将古城的公房和私房出售给某公司，或者将它们拆除，然后在原地建盖起与旅游和商贸经营相关的新房子），丽江就会成为一个空空的"旅游之城"，只有商店、饭馆和小旅馆，没有当地人的经营。如果这样下去，丽江就会失去她的活着的灵魂，她将逐步变成一个没有当地纳西族人居住的城，纳西人在这座古城已经居住了一千多年，是他们将古城建设成如今这世人瞩目的模样，而这一切，都有可能随着上面提到的这一古城建设模式而消失。

我认为管理上存在问题的重要原因是缺少专门的管理机构，缺少一种正规的、透明度强的古城发展和保护的审查和监督机制，我感到丽江古城管理上的问题也来自缺乏古城社区民众的决策参与。我已经听到一些西方游客的评价，认为丽江虽然很美，但他们感到这个美丽的古城正日益成为一个缺少当地人日常生活民俗气息的城。如果丽江古城能留下一些真正活跃的当地集市，那古城的民众和国内外很多游客将会感到很高兴。

我愿意在此指出，目前丽江古城的完整性所受到的威胁不仅不利于丽江的文化遗产，而且也会降低古城的经济价值。其他不少历史文化名城已记

录在案的经验已经证明：只有保留住繁荣和鲜活的古城文化遗产，地方政府才可能获得长久的经济利益。

我作为联合国教科文组织的顾问和您的朋友，愿意在此提出一些供您参考的建议，我希望您能和杨县长和周副县长对此进行磋商。

需要加强现有丽江县大研镇管理所的力量。

建立一个正规的、透明度大的古城所有发展和保护项目的管理审查和监督制度是十分必要的。

丽江政府应成立（或重新建立）一个"丽江世界文化遗产管理委员会"，成员应包括丽江有关各方面的代表和丽江之外的专家。

对目前丽江古城的一些开发和保护计划，我感到忧虑，因为我觉得地方政府缺乏一种对"真实性"这一观念的认识，"真实性"是任何"世界自然和文化遗产"的核心。"世界自然和文化遗产中心"一再强调，对传统建筑的修复要使用传统的建筑材料和技术，不主张把旧建筑全部拆掉，再按照旧建筑的形式建盖新的，如果这样做，这就失去了文化遗产的真实性，这是对原有建筑的模仿和重建。

要进行丽江古城的修复和管理这专业化很强的工作，县政府应邀请专家培训城建局和古城管理所的人员，使他们了解在进行有关项目之前，如何建立有关的资料库。

最后，我极想建议丽江领导人和决策机构加强同丽江当地居民的联系。目前丽江的居民和政府之间存在着误解和相互不了解的情况。一些居民认为政府在保护古城一事上，对古城居民的要求很严，而对富有的外来公司却很宽松。如果没有当地居民的支持，丽江古城作为"活着的古城"的这一声誉将会失去。丽江古城获得"世界文化遗产"之誉是建立在纳西族民众之基础上，没有他们，丽江古城只是一个空壳，一座博物馆。

我怀着对丽江的爱，非常真诚地将这些建议提交给您，希望您能够认真地考虑这些建议。我现在忧虑的是，如果目前在丽江古城的这种开发趋势继续下去，联合国教科文组织将有可能将丽江古城列入"世界遗产濒危名录"，列入此名单的遗产意味着该遗产地正面临着管理和经验方面的困难。这是将该遗产从世界自然文化遗产名录中取消的第一步。我们中的任何人都是不愿意见到这个结局的。

联合国教科文组织顾问白海思的信给我们以极大的震动，虽然我们也对丽江的变化感到忧虑，但没有想到"联合国教科文组织将有可能将丽江古城列入'世界遗产濒危名录'"。

罗小韵，这个有着强烈责任感的中国著名摄影家，经过慎重思考，给时任云南省委书记的令狐安写了一封信（节选如下）。

令狐书记：

您好！

现转去联合国教科文组织顾问白海思给和自兴书记的信。

我于1999年7月、10月曾到丽江采访，当时古城的一切令我十分震惊，和我两三年前到丽江的感受完全不同，用一句话来概括：惨不忍睹。丽江从一座保存着鲜活的纳西族东巴文化的古城，正在走向"死亡"，商业化越来越严重，像个大自由市场，正逐步失去它的价值。

例如丽江行署做出决策，在古城的玉龙花园建星级宾馆，现已动工。玉龙花园为茶马古道上重要的历史景点，为茶马古道商人李达三的私家花园，解放以后捐给了国家，几十年来为当地古城居民的休闲之地。其他还有很多，见白海思的信。

最近还听到许多关于滇西北在开发旅游中出现的许多问题，如果不及早加以纠正，恐后果不堪设想。

再例如，梅里雪山明永冰川修建了宾馆，听说还要修缆车；玉龙雪山上面说也要建宾馆；长江第一湾修了一个非常现代化的轮渡码头，听说是省计委给的钱，等等。

建议由您出面，以省委、省政府的名义，召集省计委、旅游局、建设厅等各部门参加，邀请一些专家学者，共同探讨一下滇西北旅游开发过程中出现的问题及如何解决。这些方面应多听听学者的意见。

我从1982年开始到云南采访，至今大约去过云南近二十次。1999年、2000年元旦都是在云南最偏僻的怒江州度过的，我对云南有着深厚的感情，而且自称云南人，云南在我心中是最后的香格里拉，我实在不忍心看到在开发西部过程中这最后的净土被毁掉。而且正如白海思先生信中提到的："联合国教科文组织将有可能将丽江古城列入'世界遗产濒危名录'，这是将该遗产从世界自然文化遗产名录中取消的第一步"。如果白先生说的变为现实，那丽江及云南省各级领导将如何向国家和全国人民交待，这将是丽江及中国的耻辱，也是每一个云南人，每一个在云南工作过的同志，每一个热爱云南的人所不愿意看到的结局。

恳请书记在百忙中过问此事，如果解决得好，可以在中央西部开发战略中起到典范作用。

从丽江回来后，我们写出了《丽江古城》，对丽江存在的问题进行了初步报道。此后，我们又多次去丽江，看到政府加大了古城保护的力度，各类专家学者，以及当地的民众也积极地参与到古城保护的行列中。对丽江古城保护所取得的成绩欣喜不已。于是，我们决定对丽江做一次长篇报道，目的在于：一、全面揭示丽江古城的历史和文化，使人们深度认识丽江从而热爱丽江；二、剖析丽江古城在旅游大潮和外来文化冲击下出现的问题；三、世界遗产保护是一个全球性的问题，丽江古城保护取得的成效，将为世界遗产保护提供一个有益的模式和成功的范例。

历时一年，书稿完成。在此，我们要感谢吕石明先生对该书写作的关心，以及对书稿修改所提出的宝贵意见；感谢上海文艺出版总社对该书出版给予的支持；感谢所有关心支持我们的朋友们。

王清华

2007年8月28日